无聊之在

——对无聊的存在论阐释

李昕桐 著

人民东方出版传媒

东方出版社

目录

"思" 与 "诗"

这是一本关于"无聊"的著作。"无聊"是现代西方哲学尤其是意志主义、生命哲学和存在主义等哲学思潮的基本哲学概念。"无聊"是很日常化的情绪，在现象上，属于心理学研究的对象。但是，现代哲学则是在存在论层面上阐述"无聊"，把"无聊"看作是一种人的存在状态，用海德格尔的话来说，是此在的"现身"方式。实际上，"无聊"昭示着人的最本初的存在，它和"畏"、"烦"等是连接在一起的，是人面对"虚无"的存在论状态。但是，这本著作并不是单纯阐述西方哲学概念的著述，它在客观阐述这一概念在诸多哲学家思想里涵义的同时，把它与作者本人的诸多生活经验、生活体验结合起来，形成了互相阐释的效应。这使得作品既有心理学层面的感受与领悟，又有存在论层面的思考，是"诗"与"思"的完美结合；同时也使得这部作品具有思想创新的效果，突破了研究外国哲学的学者没有自己的话语和创新的局限。

哲学研究可以有两种研究方式：书斋的逻辑推导和实际的生活体验，也可以称作理论的沉思和实践的感受。前者以康德、黑格尔的思辨哲学为例，后者以克尔凯郭尔、卡缪等存在主义为例——如克尔凯郭尔的思想基本上是其生活经历、遭遇及其感受的思想体现。前者产生的是理性的体系化的哲学，后者产生的是一种诗性哲学。作者采用的后者这种更接近生活的方式。从文中可以看出，作者关注于生活的点点滴滴，包括某些零散的感悟，充满了对生活的思考和灵感。作者从"在场"的生活经验中加深了对"无聊"的存在论理解。哲学、人文科学并不是单纯的概念堆砌，它是建基于对生活的深切感受和领悟，所以，它的真理不同于自然科学，是一种特殊性的真理，或者更确切地说，可以是一种特殊性的真理。作者这样一种研究方式更接近于哲学、人文科学的本质。

哲学因而可以使用两种语言：概念语言和诗化语言——包括隐喻式的语言。

概念语言具有确定性，诗化语言、隐喻性语言具有意义的丰富性。波普曾对科学的目的进行了重建，把科学的目的由确定性转换为意义的丰富性。他特别是把内容的确定性和意义的丰富性看作是反比关系。哲学是自由的思想，它要追求真理，更要追求意义的丰富性。甚至，它追求的真理也不过是意义的真理——特别是在自然科学已经充分发展的今天。因而，哲学研究既可以使用概念语言，也可以使用诗化语言包括使用隐喻式的语言。诗化语言、隐喻式的语言以其与"对象"关系的"诗意"的不确定性形成了巨大的包容性和延伸性，构造了一个意蕴深刻而范围广阔的语境，"链接"了丰富的意义，给阅读者以巨大的阐释空间，解放了人的想象力。作者在书中即使用了美文学的诗化语言，这不仅使哲学著作更具可读性，适合于体验式的哲学研究方式，更从存在论上，使得枯燥的哲学概念获得了丰富的内涵，使哲学恢复了想象的维度，驰之于一个广阔的意义空间。

丁立群

前 言

　　你是否和我一样，曾经因为等待一个人，等待一班车，或者等待一个重要的结果而无所事事的焦躁，你试图以各种方式转移注意力来驱逐这种状态，让时间过得快些再快些，然而它就安安稳稳的在那里，像一潭死水持续着停顿。

　　你是否和我一样，在某个周末的下午坐在咖啡屋的窗前，本以为可以悠然的发呆，心里却产生了一种模糊的、类似于焦虑、忧伤、反感、无奈、扫兴、恶心、厌倦的混合情绪，而你又不知道为什么会这样。

　　你是否和我一样，曾经在喧闹的街道上，在喧嚣的人群中，在推杯换盏的酒桌上，在灯红酒绿的 Party 上感到由衷的孤独和空虚。热闹是他们的，与你毫不相关。周围的一切都是虚空的，只有你自己独自的寂寥的存在着。

　　你是否和我一样，在黄昏时分被一种浓浓的情绪气氛笼罩着，无限的压抑、茫然、空虚和无所适从，你感觉"抓"不住任何东西，甚至对自己陌生……，你想逃离，它却如影随形。

　　你是否和我一样，在奔驰的火车上，望着外面连续的一幕一幕，突然意识到了时间的空白，生命的无意义，你追问自己"我是谁?"，"我为什么会在这里?"

　　你是否和我一样，在寂静的夜里，你感觉时间滴滴答答仿佛吞噬着你的生命，而你却在窒息的、无能为力的绝望中遇见了另一个自己，那个隐藏的很深的超越你自己的真正的自己。

……

这样的状态，我把它理解为"无聊"，我的无聊。

自从 2013 年起我就逐渐意识到了这个"无聊"。我反问自己为什么会陷入这种无聊的状态之中？是什么让我感到无聊？我又应该如何改变这种状态呢？那时开始我就经常在无聊中体会一些事情，并以"无聊的我"作为笔名，写一些粗糙的随笔，以此试图突破这种状态，当然其中也有反讽之意。慢慢地，我在无聊中的追问上升到了对生活意义和生命意义的层面，在其中有所得，有所充盈。并对"无聊"本身产生了浓厚的兴趣。

无聊到底是什么呢？是我理解的意思吗？无聊是一维的，还是多维的？无聊与其他情绪是否相关？

逐渐地，我在无聊中感受到时间的存在，时间的绵延，我开始体验时间，理解时间，并以时间的感觉、时间的视角去阐释问题，观察和体会相对时间的差异性、时间的特质，时间与人的感觉之间的关系，时间与人存在意义之间的关系。我强烈地感受到处于无聊时候时间的空白，在其中却没有真正的事件发生，也没有期许。我的敏感让我因此有了在时间中的匮乏感——一种错过的丢失感，踌躇、等待、沉默、惊叹、忍受。而且这种感觉越来越频繁，越来越强烈。

我不断地反思，渐渐地对无聊有了初步的理解：首先，无聊应该与时间相关。其次，无聊应该有很多层次，从肤浅的到深刻的一层又一层。再有，无聊应该是源于一种模糊的却是与生俱来的情绪。但也许正是因为拥有了这种情绪，才让人觉得意义的缺失，这种原初的情绪是人们追问生命意义的动力。因为这种情绪是存在的"负面"切入，而正因为无聊是一种"负面"的切入，且其中蕴含着潜在的、隐约的东西，人才能在其中无限地敞开，在感受无聊中才能破茧而出，才能寻求光亮。也就是说，通过正视无聊，来唤醒自我、通过反对无聊的蔓延来遏制无聊、通过不无聊抵制无聊，以此来获得自己存在的意义和价值的理解，在克服无聊的过程中，实现对自我存在的呵护和建构；通过在无聊中反思生命的意义，让人知道自己为什么活着、怎么活着。这是两个步骤，首先是意识到自己无聊，然后再反无聊。无聊是作为存在的人的基本规定，意识到自己处于无聊的状态是一种深层的感受，体会到自我在时间中的空虚和茫然，时间的流淌，而自己深陷其中的"空"的痛苦境遇；而后正视自我，敞开自我，积极地唤醒自我，让充满活力的精神力量来克服这种生命中必然的、原初存在的情绪，并在其中获得自由的精神。当然因为这种情绪整体的原初的存在，而且永远的存在，我们在其中要经历的就是：体会无聊存在—反无聊—体会到更深的无聊存在—更加深刻的反无聊……循环上升，让生活的意义在这个践行中逐渐地绽出。

今天的时代，现代科技以前所未有的速度向前推进，一切似乎变得越来越完善，越来越完美。然而在我看来，匮乏、危机、灾难却隐性的存在着，一切暗潮汹涌。有人不得自知，麻木的生活。有人体会到了却也无所适从，焦躁不安、试图通过某种方式转移来驱逐，有人在虚幻的世界寻找寄托，而不是把注意力集中在自我存在的意义上，将自我寓于生活的情境之中。现代性让人自我扭曲，沉迷于手机等电子产品，友情、爱情在虚拟中建构，人们试着从世俗中逃脱，从一层空间进入所谓更上一层空间，不断地攀爬，却找不到根基、找不到自己，在时间中消磨自我，或者说被时间消磨着，以此逃避无聊，却陷入更加无聊的情绪。无聊成为了一个秘密杀手，潜伏在各个领域，学校、工作、婚姻……它侵蚀在我们的灵魂里，我们年轻的心灵早早地就被无聊暗杀了。

而面对这样的自己和周遭的一切，人们将如何自处？如何在更高的境遇中自我救赎呢？

2016年左右我开始在业余时间里零散地阅读蒙田、帕斯卡、克尔凯郭尔、叔本华、海德格尔、弗洛姆和萨特等人的一些文字。在阅读中我惊奇的发现我对无聊的理解竟然有些部分与他们相似，这让我非常激动，同时他们的思想又激发着我的灵感，这让我更加热情地研究"无聊"，用哲学的方式面对自己生活中的无聊，不断地形成了我对"无聊"的建构。终于在 2017 年年底到 2018 年年初的这个寒假，我用了一个多月的时间一气呵成了这个研究成果，成为了这本书的第一篇——"无聊之在"。这部分包括第一章：《无聊与时间》；第二章：《无聊与存在》；第三章：《无聊与批判》；第四章：《无聊与救赎》。

在我看来，生命存在，生活的意义只有在自我的践行中生成，在克服无聊的过程中生成。这本书的下篇——"无聊的我"就是我几年来在无聊时间里的一些思维片段集合，是我在体会无聊和克服无聊的生活过程中不断地思考所得，就是我在践行着无聊的审美救赎。它们包括生活的点滴细节、所见所闻、读书笔记等。第一章：《无聊的哲思》；第二章：《无聊的情诗》；第三章：《无聊的旅程》；第四章：《无聊的镜像》；第五章：《无聊的梦境》；第六章《无聊的无聊》。在这部分思想片段的集合中我不是以哲学命题论证的方式，而是试图以诗意哲学的美学途径，即文学式的散文、诗歌方式展开，以求在结合中达到自然且深刻的传达。思考哲学思辨与文学想象之间的融合关系。我认为，优美的诗语言中蕴含着深刻的哲思，即将哲学抽象的理念形象化的阐释。只是如何将理性思维融于心魄，自然的、非刻意的诗意表达需要双方面深厚的素养。然而因为我双方面的匮乏，以及两者结合本身由于各自领域的界限打破融通的困难，此意图未能如愿完成，其间一方面不免有哲学概念的刀刻痕迹；另一方面也缺乏文学的唯美流畅或恰如其分的表达。而且因为我对生活的领悟尚不够深刻，语言表达经常呈现出模糊、造作，或绕弯，即常人说的"把简单的事情复杂化了"。但于我，这也是过程。我做不到一下子看清事物的本质，并用最简单的语言表达深刻的人生哲理，我的语言就是沿着我不清晰的思维向前探索、推进，必然模糊，必然绕弯，必然充斥着复杂的名词。然而相信迷雾总会慢慢散去，通透可见。相信那时我的语言也会随之精炼、清真、自然、不故作姿态，也必会隽永、明丽，并令人动容。

上　篇

无聊之在

导　言

　　"无聊"是一个普遍的社会现象，一直在社会学、心理学、病理学等领域作为客体研究，譬如"情感社会学"和"社会的异常行为"的研究就涉及"无聊"。无聊呈现出不同的和多样的现象。无聊有内因的、外因的、原初的、派生的、一般的、病态的、明显的、短暂的和持存的处身情态。无聊可以表现为：好斗、恐惧、默然、忙乱、抑郁、单调、忧伤、失望、暴力、懒惰、不快乐、多嘴、内在空虚、冷漠、恼怒、疲乏、闲散、疏忽、牢骚、心绪不宁、自杀、古怪，等等。从心理学角度理解，"无聊是个体面对贫乏的外部刺激和内部刺激时，无法体验充分的需求满足，从而产生的冷漠、孤独、抑郁、无助等不愉快的复合情绪状态。"[①] 机器和自动化是现代世界最突出的表现，现代科学技术取代人工，人类从繁重的体力劳动中解放出来，而另一方面也产生无意义的情感。作为个体的人逐渐失去了激情，变得孤独、冷漠、麻木不仁。生活乐趣下降，情绪不知不觉的恶化、蔓延和扩散，伴随着无缘由的懒惰、焦虑、压抑、疑惑和游离的恐惧感，懒散附着忧伤，直至绝望。人类陷入了可怕的、无法容忍的、死一般的无聊的痛苦之中。

---

　　① 黄时华、张卫、胡谦萍：《"无聊"的心理学研究述评》，《华南师范大学学报》（社会科学版）2011年第4期。

可以说无聊在通常意义的理解甚至没有远离"病态"。无聊这个词大概很多人就会想到某个夜晚、周末、假期、演出、音乐会、课程、小说、电影、对话、活动、某个女人、政治家……这些令人反感的状态。在社会学、心理学中无聊主要作为一个由于特殊生活状况而限定的现象来理解，即无聊是在特殊情况下的现象。同时无聊作为人的特质也由它的文化环境来确定。无聊就像饥饿一样，它来了，不可避免不可遏止地去拯救自己。无聊作为感情空乏的显现，在人学、心理学和社会学上都呈现出了意义。

然而人们是否应该追问无聊的哲学根源，以及反思哲学的"无聊"与心理压力表达的区别呢？

其实"无聊"一直以来都有被一些哲学家作为哲学的题目进行思考，譬如蒙田、帕斯卡尔、歌德、叔本华、克尔凯郭尔、海德格尔等人。帕斯卡尔在《思想录》中说："对于一个人最不堪忍受的事莫过于处于完全的安息，没有激情，无所事事，没有消遣，也无所用心。这时候他就会感到自己的虚无、自己的沦落、自己的无力、自己的依赖、自己的无能、自己的空洞。从他灵魂的深处马上就会出现无聊、阴沉、悲哀、忧伤、烦恼、绝望。"[1] 帕斯卡尔认为，无聊就是人生的无限空虚，只是因为匆匆忙忙的人生，才被阻挡了这种体验。没有明确目标的无生气的渴望，是如死一般的衰弱无力。同时在他看来，无聊是人与原初自然脱离的结果，无聊直接来自人的世俗化，是对上帝和天堂的背离，只有无限的、不变的上帝才能充填这无尽的空虚。总之，在帕斯卡尔看来，因为人的欲望从矛盾中而来，而无聊就是内省的心里的无法通达。无聊的人是不幸的，不能安宁，充满了痛苦的意识。但在其中上帝神性被再度发现。在无聊中，人产生痛苦的意识，但人的自然神性的渊源却被挖掘。对于无聊歌德认为：猴子变成人，是因为有了无聊感。当猴子有了无聊感，他就成为了人，那么无聊

---

① 帕斯卡尔：《思想录》，何兆武译，商务印书馆 1985 年版，第 63 页。

就成了人的属性、人的处身情态，只有人类才有空白的时间感，才能感受到时间的空白。①

18 世纪和 19 世纪的许多思想家还认为无聊与创世相关。譬如无聊的宇宙论，像伽利略、克尔凯郭尔等人仍然认为"虚无"的必要性，创世的虚无和自我限制。圣经创始学说：上帝从无中创世，我们把上帝作为父亲，无聊作为母亲，因为虚无请求上帝，让自己从虚无中解放出去。在无聊的时刻我们感觉自己虚无。相似的，克尔凯郭尔认为："世界从无聊中创造出来，所有的人都处于无聊之中，以各种各样的方式。一切从无聊开始，上帝自身无聊，所以上帝造人，亚当无聊，于是上帝又创造了夏娃，这一瞬间无聊在世界蔓延"。②"除了无聊一无所有，不是这种无聊就是那种无聊。谁在无聊之中并能认识到无聊是高级阶层。有人以为自己不无聊，总是有事情做，但其实是意识不到自己无聊和这种无聊的弥散。"③

18 世纪晚期"无聊"还作为意义和时间的联系被讨论。就无聊与时间和意义的关系，一方面无聊是时间的抽空或者说空白；另一方面时间作为意义实现手段的沉思，在无聊的时间中，在时间的空白处，体会生命的意义，如何实现生命的意义。这些就是基于康德的沉思、浪漫派、叔本华和克尔凯郭尔的理论界限。叔本华站在悲观主义的视野中认为：充满痛苦的人的生命本质因素就是无聊。快乐的特征永远都是悲伤的。对叔本华来说，生活的匮乏，永远无法满足的愿望，命运的无情冷酷践踏着希望，生命过程中不断增加痛苦，到处充满了荆棘。需求意味着匮乏，匮乏意味着痛苦。人尝试克服，使需求得到满足，但只要需求得到了满足，人们就会

---

① 参见 Bellebaum，Alfred，*Langeweile，Überdruss und Lebenssinn*，Westdt，Verlag GmbH，Opladen:1990，S.73。

② Bellebaum，Alfred，*Langeweile，Überdruss und Lebenssinn*，Westdt，Verlag GmbH，Opladen:1990，S79-80。

③ Jürgen Große，*Philosopaie der Langeweile*，Springer-Verlag GmbH Deutschland 2008，S.3.

陷入可怕的虚空和无聊。这也是无法忍受的负担，一个新的痛苦状态。所以生命像个钟摆，人就在痛苦和无聊中摇摆。叔本华的无聊形而上学是直观的：痛苦和无聊处于生命的两级，因为他们持续性的需求—匮乏，人的此在在其中摇摆，此在有内容就是一种满足的状态，但同时幸福和宁静丧失，叔本华以此来阐释人的意欲的无限性。无聊的本质就是自我意识的丧失。① 克尔凯郭尔认为：无聊作为虚无情绪的体验，它是一种无法忍受的状况。因为无聊一直都在，人能够体验无聊的空虚，才有意义，"无聊的不朽，在虚无中的连续性。"② 虚无的体验与畏是一对双胞胎，在虚无中，对魔鬼的畏与对善的畏在彼岸世界是相同的。虚无、无意义、虚空、无聊中的体验，这一切都是远离天国的表达。

总之，无论是帕斯卡尔的"没有对精神事物的渴望，人便会无聊"，还是叔本华的"人生就是在痛苦和无聊中摇摆"，更或是克尔凯郭尔的"无聊的空虚是存在的开始"，都表明了无聊与存在的关系，无聊与精神虚空的关系。失去了渴望和希望，可怕的无聊就滋长了。匮乏 = 痛苦——饱和 = 无聊——无聊 = 痛苦。无聊既是内省的，又是形而上学的超越对象。无聊是刺激的疼痛的缺席，它导致空白时间的情感，这是慢性死亡的前情感。所以现代"无聊"的哲学研究就是基于"实"与"空"的不对称关系，即充满情感或情绪的动态性（情感充盈）和无情感、无情绪的静态性（情感空白）之间的不对称关系，以及提供意义的愿望和满足后的空乏之间的不对称关系。

海德格尔走了一条有别于上述几位哲学家的路。他对"无聊"的研究首先是将其与无聊在日常领域的现象进行区分，即与社会学、心理学、病

① 参见 Bellebaum, Alfred, *Langeweile, Überdruss und Lebenssinn*, Westdt, Verlag GmbH, Opladen:1990, S.62。

② Bellebaum, Alfred, *Langeweile, Überdruss und Lebenssinn*, Westdt, Verlag GmbH, Opladen:1990, S58.

理学等专门学科研究的无聊现象区别开来。海德格尔对"无聊"做形而上
学的努力和本体论的研究，使无聊在哲学领域的研究界定为具有形而上
学意蕴能力和意蕴需求的"基本情绪"。海德格尔使抽象的、内容被抽空
的情绪作为形而上的手段或者方式，对"空"本身进行阐释，在其中意蕴
呈现，意图在无聊中通达比在与世界的整体路径，在其中发现了生命的
意义——体验意义的匮乏。无聊上升到形而上学的意义，即此在意义的情
绪，是来自自身的需求，是从存在者到存在，是整体性回溯的需求。而这
种作为基本情绪的无聊不是纯粹的、脱离世界的凝视，它是基于"空"或
"虚无"，在其中所有具体的存在者显现其意义和体验。通过情绪或者说处
身情态，人感觉自己在世界之中，在存在者的整体之中。情绪的不确定性
构建了布局的特征，人在情境中对到来的发生事件作出反应。在无聊的情
绪中呈现出哲学的可能性，无聊作为整体情绪自我布局安排，打破主客模
式。存在者的整体或者说整个精神生命的整体都处于无聊的情绪气氛中
(情境)，在其中人的特质真实呈现。

　　所以说无聊这个题目很早就接近了形而上学的核心领域了。因为形而
上学的核心领域就是对存在、上帝、恶、欲望的根基的追问。此在的形而
上学内容的匮乏也以"无聊"作为题目。现代社会人们的精神领域更加表
现出空、贫瘠、匮乏和情感的虚无，意义缺乏连续性。对无聊的形而上学
追问主要是针对心灵的一存在的一意义的。① 所以无聊作为一种模糊的、
整体性的情绪，富有形而上学的启发性，它是关于原初的动机，是对自我
认知的动机。而哲学研究就是要探究这种原初性，以及无聊哲学的不对称
性。无聊在理论上的意义是"匮乏"的痛苦，感受到当下时间的空白。无
聊作为本真的情绪是情感的不安宁，是对世界整体的追问，是对存在的基
本体验的追问。同时无聊在哲学领域中的研究涉及解释学，作为解释工具

---

① 参见 Jürgen Große, *Philosophie der Langeweile*, Springer-Verlag GmbH Deutschland, 2008, S.19。

对所有的生活领域的无聊现象进行研究，解释"无聊"作为人的标签、人的符号的根源。无聊是错过时间中的此在，无聊让时间显露，让时间本身成为现象。这些在存在主义哲学和阐释现象学中起到了重要的作用。

笔者一方面借鉴前人的观点，另一方面基于自己的思想脉络从四个角度建构其哲学通达切入的可能性。

第一，无聊与时间。海德格尔在《形而上学的基本概念》中论述了无聊的三种形式。笔者试图用类似的方式用三个不同的故事情节展开阐释无聊的三个层次。第一层：无聊是一种状态，由某种具体的事物引发的无聊，具有高强度和紧迫性。人们在当前存在的时间内，清晰地感觉到时间的存在，做事意图受到阻碍，时间留白无意义，人们无所事事，消磨时间，处于不安宁和空虚状态。在其中时间不再是客观意义的，而是时间意义的无限拉长，或持存。第二层：存在对意义的怀疑和否定、内心空虚，精神贫瘠。这种无聊不是由任何客观事物引起，人们不是关注现在和未来，而是回溯过去，懊悔自我对时间的浪费，体验到空虚，从而阻碍了当前继续做事的意图。第三层：深度无聊，即无聊作为人本真的情绪。深度无聊没有对象，没有因果关系，也与心理无关。深度无聊没有具体刺激或注意的焦点，无法用消磨时间来对抗，现在、过去和未来混杂在一起，这种无聊揭示出人的本真状态。

第二，无聊与存在。通过对无聊的反思指向人自身的存在，人的整体存在。笔者自我建构的思想：人是整体的多维存在，是身体的有限性与精神的无限性之间、身体与精神自己之间、精神自己与精神本己（超越的维度）之间的距离、矛盾和张力下的存在。而在这其中无聊以极其重要的角色出场。笔者通过对"无聊"内涵的分析，提出了无聊的根源就是源于身体、精神自己和精神本己三者之间关系的断裂。并且通过对无聊根源的论证阐释无聊的人的存在特征。首先把"一般意义的无聊"理解为源于精神自己与身体的矛盾。身体无法通达精神自己，对精神层面的拉扯无力，精神处于匮乏，就产生了无聊。其次把"深层无聊"理解为是从精神自己到精神本己的超越，精神本己与精神自己出现断裂。精神本己是对精神自己的否定和扬弃。人在从精神自己到精神本己的超越过程中体会到了深层次的虚无。通过无聊打开了"虚无"的同时，也因此同时打开了"存在"的可能性，并认识到"存在"和与之相对的"虚无"不过是"同一"。这就是深度无聊的否定性精神。笔者在论证过程中引入了帕斯卡尔（"没有对精神事物的渴望，人便会无聊"）、叔本华（"人生就是在痛苦和无聊中摇摆"）、克尔凯郭尔（"无聊的空虚是存在的开始"）的思想。

接着笔者又论证了无聊的否定之否定性（肯定性）精神。无聊的基点是割裂，是人的身体与精神自己之间、精神自己与精神本己之间的分裂。在深度无聊中，即在精神本己的超越中，存在显现。而人们在感受到虚无（深度无聊）的同时也开始在精神本己中正视虚无，正视深度无聊、以此产生了一种对抗虚无的生命力。无聊的价值就在于无聊给自我反思以可能，深度无聊中的反思，使精神自己的精神性更强，显现了人精神的崇高。无聊是一种痛苦的状态，是分离，是距离，是分裂，是无意义的生存方式，是人生的悲剧，无聊越强烈，摆脱无聊的意识也就越强烈，这就是无聊的辩证法——无聊之否定之否定。这是精神本己中深度无聊的抗争过程。人在抵制无聊的过程中从超越维度的精神本己回到精神自己，又在精神自己与身体的短暂融合中同时实现自身的完整性，即弥合了三者之间的裂痕。然而否定的力量即人的身体与精神自己之间、精神自己与精神本己之间、有限和无限之间的割裂是必然的，而肯定的力量——实现自身的完整性是偶然的，辩证的循环上升的过程。这是一个开放的状态，正是在无聊—反无聊（抗争）的过程中不断形成自己的本质。人的本质在身体与精神自己之间、精神自己与精神本己之间的张力（分裂、综合）中永不停歇、指向未来的不断建构生成。

第三，无聊与批判——无聊与现代性批判。根据现代社会中"无

聊"表象的更加凸显，来批判现代性。在其中笔者借鉴了卢卡奇的物化
理论，法兰克福学派霍克海默、阿多尔诺、马尔库塞、弗洛姆为代表的
技术理性统治和技术异化为对象的文化批判理论。通过"无聊的工作"、
"无聊的学习"、"无聊的婚姻"、"无聊的世界"的分析解释了现代人的
孤独与无聊的生存困境：思想措手不及的困顿，物质的极大满足映衬着
精神的空虚、无"家"可归。人变得更加孤独、冷漠、麻木不仁。无聊
像流行病一样蔓延到所有的生活领域，工作领域充满了无聊，学习中充
满了无聊，婚姻中充满了无聊……最终整个世界可以说成一个"无聊的
世界"。

　　第四，无聊与救赎。笔者对无聊的救赎提出了自己的观点：无聊的自
我救赎就是对生活的审美。在这其中包括艺术的欣赏和诗意的生活。首
先艺术作为一种文化的力量，具有救赎的功能。尤其在这个"无聊"表
象更突出的时代，艺术有助于感性地重新唤醒和保持对意义的感觉，使
人们体验人类的各种情感、体会优雅和崇高，实现理性与感性的和谐与
完满，达到灵与肉的完美统一，让内心的矛盾冲突得以平息，而得到恬
然逸乐的安宁。然而笔者更看重把人生最高的价值和意义投注到平凡的
生活中，用审美的眼光看待生活，即日常生活审美化，在生活中寻找美、
发现美、理解美、感受美，创造美。通过审美在碎片化的生活中获得和
谐的存在。在云端和大地间游走，将人生艺术化并赋予人生价值和意义，
以及自我救赎的途径。这一章节通过"充实的时间"、"诗意的生活"、"反
思的生命"论证。这也为本书中的下篇"无聊的我"——践行审美救赎——
奠定了基础。

　　总之，笔者在传统形而上学和今天心理学与人学的多维内涵的基础上
思考如何通达"无聊"的形而上学。尝试着把无聊这个复杂的题目用哲学
的观点连同作为显像的文化一起研究，把"无聊"、"虚无"、"空"、"匮乏"
作为哲学思考的动机和方式，阐释无聊作为哲学的处身情态与意义的关

联；以解释学的思考呈现无聊与人的生存境遇之间的关系，并对无聊在现代性中的现象进行批判；最后对无聊的自我救赎提出自己的观点，尝试指明一条克服无聊、回归本真自我的真正的生存之路。

第一章　无聊与时间

　　海德格尔是 20 世纪最伟大的哲学家之一，他诗意的语言中透露出他的深邃思想和魅力。他在《形而上学的基本概念》中论述了无聊的三种形式。那么在这里我试图用类似的方式同样对无聊进行阐释。

一、无聊之消磨时间

　　首先让我们从消磨时间走进无聊的第一个层次。

课堂上的无所事事

　　你是否经历过这样的情境，一节 45 分钟的专业课，让你体验了一场无聊。起初，你试着听课，可老师的授课很枯燥，你只听见他（她）重复着什么和什么的关系，可具体为什么这样的关系，他在解释的过程中，你就无法再继续集中精神了。你不耐烦地等待着下课，一看手表，才过去 5 分钟，那剩下的 40 分钟如何消磨啊？于是你转移注意力，拿起手机开始刷朋友圈，没有太多的动态引起你的兴趣，某某人还是时时的自拍照，某某人还是每顿晒食物，某某人就是每天忧郁啊、忧郁啊、忧郁……，你暗恋的那个人已经好久没有发朋友圈了。你无可奈何地将目光从手机上移开，干点什么呢？才过去 10 分钟，你心烦的无所事事，你再次抬起头时，那油腻的中年人又开始念稿了。……还能做点什么呢？今天的新闻也看过了，你有些崩溃，你看着周围的一切突然从这个状态出离了，周围的人和物，你情境里的一切都似乎隐身了，空荡荡的房间里只剩下你自己……

——无聊的我

　　我们试着从这样的情境出发来体会什么是无聊，这是一种什么样的无聊，以及无聊与时间的关系。

　　其实在这里无聊本身是模糊的，不是能够被清晰的看到的，在这个情境中你只是被这种情绪感染着。我们常常以为：因为外在的因素（某物、某人）让我们产生了无聊，或是因为内在的心理因素让我们感到无聊。但海德格尔告诉我们：无聊的表现是拖延和使人空虚、匮乏，但无聊是一种状态，是我们在事物中维持的状态，没有什么可以从中提取，而且无聊不是主客关系，也不是因果关系，它关乎一种情绪，一种基本的情绪，"我们这样或那样发觉某种东西并由此产生回应。"[1] 无聊与时间相关，海德格尔认为时间与世界、有限、个体相关，都是因与无聊的相关性与我们面对。所以海德格尔认为无聊就是基本情绪。"在其中，我们发展出关于世界、有限性和个体化的三个问题。"[2] 而且无聊既不是因为内在的结果，也不是外在的原因，无聊作为一种本真的情绪（不是被造成的）它被外物唤醒，萦绕着外部的物。所以说无聊是主客被包围着的同体的双性存在，部分是主观的、部分是客观的。

　　可以这样说，在这个课堂上的一切将无聊唤醒了，将你带进了某种情绪中，这种情绪你想要抑制，却无法逃避地陷入一段持续的时间里，无法

---

[1]　海德格尔：《形而上学的基本概念》，赵卫国译，商务印书馆 2017 年版，第 131 页。

[2]　海德格尔：《形而上学的基本概念》，赵卫国译，商务印书馆 2017 年版，第 121—122 页。

冲破这个时间，而偏偏这个时间阻碍了一个你喜欢做的、应该做的、必须做的事件的执行，或是干脆没有什么，就是要逃离这个情境、这个情绪，此时生命的体验在这个情境的时间持续性中是匮乏的、贫瘠的和不足的。这便产生了空乏的、单调的感受——无聊。即无聊是空白时间与人的感受存在的关系，强烈地感受到时间的空白，在其中没有真正的事件发生，也没有期许，随即产生了一种错过的丢失感，踌躇、等待、沉默、惊叹、忍受，而且对这种状态结束的强烈期待，对时间过程和时间中的行为强烈的热情关注，愤怒的方式感受着时针的"异常"。

你感到不耐烦，不想继续呆在课堂里，不耐烦只是出现并笼罩着无聊，但不耐烦本身不是无聊。你被无聊的事物牢牢抓住，无聊挥之不去，被束缚在那里，但实际上就无聊而言已经开始慢慢地与唤醒无聊的事物脱离了，它被引向了时间，即无聊的情绪一旦出现，人们就会通过消磨时间的方式来驱赶它。无聊无论是被消除还是被驱逐都是以我们在某种意义上驱赶时间的方式进行的，消磨时间就是驱赶着时间，以此来赶走无聊。你开始看手表，但此时客观的时间对你来说已经没有任何意义了。

说到这里我想谈一下"主观时间"，这是我一直以来非常感兴趣的问题：先从无聊的德语词开始。德语中的无聊（Langeweile）就明确的表明了它与时间的关系。德语中无聊（Langeweile）这个词由两部分组成——"lange"和"Weile"。"lange"就是"Die Lange"（漫长的）；"Weile"就是"die kurze Weile"（片刻、一会儿）或者说"die kurze Zeitspanne"短的时间间隔。所以德语"Langeweile"（无聊）就是"漫长的一会儿"的意思。这个词"漫长的一会"本身就是矛盾，"一会儿"本来是短暂的，可竟然用"漫长"来修饰，短的时间变长了，就是对客观时间的冲击。总之"无聊"就表明了一种与时间的关系，一种面对世间的方式，一种主观的时间感。

为什么同样的时间或"变长"或"缩短"呢？我们通常划分时间：过去、现在、未来；秒、分、时、天、月、年；春、夏、秋、冬；公元前、公元后……这种时间过程和结果按照时间的结构都是绝对的、客观的定位。然而时间除了客观的之外，时间对于我们其实更多的时候是一种主观的感受。就譬如这个"Weile"（一会儿），我特别怕别人和我说"等一会儿"，因为"一会儿"到底是多久？"一会儿"对于每个人的标准都不同，是一分钟？十分钟？还是一个小时？不知道。你可以认为是一个很短的时间间隔，譬如说"Kannst du noch eine Weile warten？"（"你能再等一会儿吗？"）；也可以认为是一个长的时间间隔，譬如说"Es ist schon eine ganze Weile her"（"已经好长一会儿了啊"）；还可以认为是一个好的时间间隔，譬如"Eile mit Weile"（"忙一会儿"）就是别着急，不用太快，给你安静的时间。总之"Weile"（一会儿）作为长的或是短的时间都是凭主观感觉相对而言。就像我们的日子被认为长或短。我们有时说"时光飞一般的流逝"，也有时说"时间仿佛就停留在此刻"；我们有时说"度日如年"，也有时会说"不愿意这一秒就这么结束"，"刹那的一瞬就是永恒"……总之，时间很多时候与人的主观感受相关。就无聊而言就是关系到一个漫长的片刻、一种主观感觉的持续、漫长、停留，而此时的消磨时间就是"通过驱逐时间而缩短那想要变长的时间，因而是作为对时间争辩而对时间的一种干预。"[1] 你在无聊中无所把握，囚困其中，你继续不断地刷朋友圈打发时间，想做的就是让漫长的一会变成短暂的一会。你在此时对时间的感受就是主观的感受，此时由小时、分钟、秒钟组成的客观时间不复存在，时间不再均匀，客观的一分钟就是一分钟，而主观的感觉里它也许变成了一小时，这种尺度被动摇了。

时间到底是什么？无聊的时候，它那么强烈地主宰着我们，当然不只是无聊的时候，我们一直被时间束缚着、逼迫着、纠缠着。我们甚至可以说主观的时间左右着我们的存在，就如海德格尔所说："如果无聊是一种情绪，那么时间及其作为时间的存在方式，也就是说，自行时间化的方

---

① 海德格尔：《形而上学的基本概念》，赵卫国译，商务印书馆 2017 年版，第 144 页。

式，就在一般此在之被感染状态中占有某种特殊的份额。"[1] 每次想到这里都会让我走进一个特殊的境遇，不知道客观时间和主观时间哪一个才是真正的时间，像不知是庄周梦蝶还是蝶梦庄周一样，我开始怀疑客观时间，怀疑年月日时分秒不过是假象，怀疑自己就生活在主观的时间里，那是另一层与我的主观世界合一的空间，这个空间与客观时间的世界偶尔交错着，偶尔平行着，……然后我就开始对我本身质疑，对我灵魂以外的东西质疑，进而追问我生从何来，死往何去，我永恒的灵魂在时间之外何处栖息，我整个生命是否就是与神的距离和沉沦的虚无。

不能再继续追问了，回到刚才的话题，那么人的这种对时间的主观感受由什么来决定呢？是什么决定了主观时间的长短？——填满时间的距离就是主观的作为短，无法填满时间的距离就是主观上的长。这种对时间的主观感受依据生活的内容（生命体验的内容）和价值来界定，时间是长还是短，是充实还是虚空，是与渴望的愿望相关还是到达沉浸在时间间隔的终点。所以说无聊状态最根本的核心就是时间的间隔和其中内容的关系。"当这种关系遭受一个确定的对我们来说无趣的感受尺度在时间上的延续和推移，那么无聊便产生了。"[2]

所以无聊"Langeweile"（漫长的一会）就是主观上认为的漫长的时间间隔，就是感受到了时间的空白，并无法填充。这种时间的漫长或空白无法填充的无聊感让人受尽折磨。譬如一节课作为无聊的体验，让学生心生烦躁；一次无聊的聚餐作为无聊的体验，让人早早的想离开；一场电影作为无聊的体验，让观众后悔购票；一个报告作为无聊的体验，让听众像受刑一般。或是一本书、一个人……我们投入其中，却没有被吸引，所以感到时间的冗长，没有内容填满我们，所以乏味。如果说被"意义"填满的

----

[1] 海德格尔：《形而上学的基本概念》，赵卫国译，商务印书馆 2017 年版，第 148 页。

[2] Bellebaum, Alfred, *Langeweile, Überdruss und Lebenssinn*, Westdt, Verlag GmbH, Opladen, 1990, S.71.

时间是主观的短，那么什么对于我们来说才是有意义的呢？这是一个复杂的问题，它应该关乎不断形成的理解。

你消磨时间就是要打发时间，让这个滞留的时间打发掉，这种滞留的时间，拖延的漫长时间纠缠着你。但在这个停顿的时间里你意识到了时间，或者说遭遇到了时间，被时间的魔力驱动着。时间拖延着，时间将我们拖向何处？我们被阻留在何处？我们消磨时间恰恰是要从被阻留处逃离。你想尽各种办法分散注意力，而分散注意力的事物就是他（它）想要时间停留的地方，以此潜脱时间原来停留的地方。正如海德格尔所言："不仅是无聊——滞留、延迟、拖延——而且还有与之相关的消磨时间都与时间相关。"① 然而是否能够通过消磨时间来赶走时间？走出由于拖延着的时间、漫长的一会而被拖住的状态？你通过消磨时间，看新闻、刷朋友圈，把自己带入某种忙碌中，但让你感兴趣的并不是忙碌的对象，也不是其结果，而是忙碌本身。也就是说，你并不在乎看什么新闻，也不在乎刷朋友圈能带来什么收获，你只在乎忙碌，让时间在忙碌中占据，而不至于在空白的时间里，被无聊搞得无所事事（但是被占据的时间因此而失去了意义，这会造成一种很深层次的无聊）。

在时间中的痛苦体验是无聊的中心标志。无聊的时候时间变长了，想尽办法消除时间，消磨时间。那么无聊呈现出一种置于长的时间间隔的痛苦情境，这种情境可以比作囚笼。当时间无法填满时，就强烈地意识到了时间和空白时间的存在，人们在囚笼的情境中等待着无聊的时间间隔的结束。就像齐奥朗在《生命的星期天》中的表述："时间无边的感觉会把每一秒钟化作一场难以忍受的酷刑，布置成一个人头落地的刑场，满怀诗意的心灵里，会生出食人族的烦腻和鬣狗的忧伤。"

其实等待常常与无聊紧密的联系在一起。在很多日常的和非日常的情

---

① 海德格尔：《形而上学的基本概念》，赵卫国译，商务印书馆 2017 年版，第 150 页。

境中人们必须要等待或长或短的时间。譬如等待吃饭，等待上班，等待下班，等待假期，等待打折，或是等待医院就诊时间的结束，等待培训结束。人们等待着爱情的信号、等待某个通知，等待着上司的决定，等待着手术的结果……。等待是自我的理解，是一种对即将到来的事情的定位（未来定位的时间间隔）。有确定的人、确定的地点等待，也有不确定的仅仅是思想中的耐心等待，譬如等待乐透开奖。有些人沉着冷静的等待着事情的来临，也有些人无法忍受等待，放弃了等待……。当然不是所有的等待都是无聊的，这关乎期待结果或具体或模糊，关乎期待的现实还是梦想……。有些等待是在无聊的情境中——囚笼中的持续中被影响着，也有些等待不是无聊的，譬如在机场几个小时等待爱人的到来。

　　而且无聊的痛苦伴随着一些相关的情绪。在空白时间的负面情绪很容易与厌烦、烦恼、厌恶、忧郁、反感、焦虑联系在一起。实际上如果追溯德语无聊（Langeweile）的历史，它是一个很独特的题目，在文学作品中普遍的应用。譬如 Acedia（懒惰、绝望）、Melancholie（忧郁的）、Ennui（法语词无聊）、Noia（意大利语无聊）、Odio\odium（拉丁语恨、厌恶、反感、恶心）的中心概念特征也经常标记为所谓的存在意义的无聊（Langeweile）。无聊的这些表现方式有很长的历史，不是固定的一个词的使用，它的使用也不是总是一般的意义。那么可以说这些诸如忧郁、恶心、反感……的词汇都是"无聊"的变形。无聊与孤独、忧郁、厌烦联系在一起。无聊（Langeweile）这个词的含义与 Eintoenigkeit 单调、Interessenlosigkeit 无趣、Freudlosigkeit 不快乐、Schwermut 忧郁、Unlust 坏情绪、Verdrossenheit 懊恼和 Ueberdruss 厌倦、Traegheit 懒惰紧紧地联系在一起。最终所谓的概念获得了特殊的关注，而且在传统领域里 Acedia 懒惰、绝望）这个词是作为无聊概念的非常重要的前身。①

　　① 参见 Bellebaum，Alfred，*Langeweile，Überdruss und Lebenssinn*，Westdt，Verlag GmbH，Opladen:1990，S.15。

再回到刚才的情境中，你在课堂里，有老师、同学、书本、桌椅……但对你来说，一切都"消失殆尽"了，你周围的一切都"一无所有"了。他们无法吸引你，让你沉浸其中，而是变成了无差别的统一体。周遭现存的一切没有给你期待，因为这些事物处于你"不愿意继续上课，等下课"的情境中。你无法居于这些事物（老师、同学、桌椅、书本）之中，这些事物对于你来说不过是一片无区别的中空。这种中空当然不是虚无，这些事物无论如何都实际现存着，而恰恰是因为他们这样的现存着，才让你倍感无聊，同学们就在那里，对你的处境毫无帮助，而是让你处于寂静中，于是你发呆，出离，是周围的一切的无法给予，无法吸引，让你自己从周围的一切中凸显出来，是情境中这些周围的事物以虚无的方式让你中空，你必须持存于这种折磨你的拖延的时间里。

这就是无聊的第一个层次：无聊是一种状态，由某种具体的事物引发的无聊，具有高强度和紧迫性。人们在当前存在的时间内，清晰地感觉到时间的存在，做事意图受到阻碍，时间留白无意义，人们无所事事，消磨时间，处于不安宁和空虚状态。在其中时间不再是客观意义的，而是主观意义的无限拉长，或持存，在空白时间中产生了负面情绪。这种无聊关乎时间的间隔和其中内容的关系，也就是说，当时间间隔中的内容是匮乏、不足时产生的无趣感的延续，那么就是无聊。人在某种情境中感受到时间被拖长了，变成了漫长的一会，时间参与其中，参与到周遭的一切带给人的停顿，人们无法通过消磨时间来消除这被延长的时间（漫长的一会）。但正是在这漫长的一会，即拖延的时间里，让你意识到我们的日常存在总是会拘于、束缚于周遭一切的一种不自由的存在。

二、无聊之让出时间

接着让我们从整体性时间的被割裂走进无聊的第二个层次。

热闹后的空虚

你是否有过这样的经历，和同学或者朋友聚会，你们吃饭聊天，开怀畅饮，非常热闹，席间你有说有笑，你还把吃饭时的照片发了朋友圈，引来一群人的点赞，你比较满足，你兴致很高。之后你们还一起去了KTV，你唱了你的保留曲目，还挑战了几首新歌。大家的掌声让你有些得意洋洋，同时你情绪上来和大家推杯换盖，又喝了很多酒，最后你不知道怎么回的家。但这都不是重点，重点是你第二天醒来时感到无比的空虚，你不知道为什么是这样。你回忆昨天，没有任何时间让你觉得难熬，是需要消磨的，可为什么此时此刻你感觉那么的没意思，那么的厌烦？是对比昨日的喧嚣此时此刻的你形单影只，无比的寂寞，还想再次投入？还是昨日的热闹只是形式上的热闹，真正的内容并没有太多值得回味，里面没有引起你特别兴趣的人或事，只不过是当下的时间被填满了而已，而你此时后悔浪费了那段时间？

之后这样的事情频繁发生，这样的感觉越来越浓烈……。

——无聊的我

如果说"课堂上的无所事事"的例子是无聊的第一个层次，在空白的时间里无所事事，消磨时间，是轻度的无聊，是在我们周遭的世界里随时可以经验到的无聊，那么这个"热闹之后的空虚"可以被定位为第二层的无聊。

与第一种无聊或者说第一个层次的无聊相比，"课堂上的无聊"有确定的事物，乏味的授课，没有什么能吸引你的注意，所有的"转移目标"、所有"替代的忙碌"都于事无补，人被束缚在那个情境里，所有让人无聊着的事物或者无聊的东西都是清楚的、明确的，是我们所熟悉的。我们困其中，无法逃离，必须在这个情境中等待，而且正因为这些事物的确定性，所以消磨时间具有特定的活动空间。而这个"热闹后的空虚"中没有明确的事物让你厌烦，当时狂欢之际一切算是美好，有酒有歌有欢笑，没有任何片刻需要转移注意力，忙碌于自己，需要消磨时间。相反，自己还在酒宴和 **KTV** 的热闹中完全身处其中。那么第二日醒来时的空虚从何而来呢？难道是你没注意到，其实当时你已经无聊了，但被什么掩饰了，被什么遮蔽了……

无论如何这时不能再把目光投向周遭了，与周遭的事物无关了。应该关照自身了。其实当时你已经无聊了，但不明确，也没有对偶尔冒出来的这个"无聊意识"做明确的回应，没有通过消磨时间立刻来抵制，而是任其自由地如丝的白云飘逸着。但并不是说这里的无聊不与消磨时间联系在一起，而是说无聊有不同的表现形式、不同的层次，这个情境中飘逸的"无聊"，也许在你抓起花生、翘起二郎腿之际已经发生，你揉着花生上的红皮，听着别人在说话，这个行为不是作为典型的消磨时间的忙碌，即转移注意力，但却不经意地透露了：其实你没有完全彻底地投入。没有明确的消磨时间的举动，也许正是说明了你在整个"热闹的情境"（包括整个晚上的晚餐、KTV 唱歌）中全部的行为都是在消磨时间（整场的无聊，只是你当时意识不到而已）。正因为如此，消磨时间才如此的难以发现。

那么如果说整个过程都是在消磨时间，那么是什么让我们觉得无聊，又是什么原因让这种无聊如此隐蔽呢？这种无聊为什么当时无法明确，事后强烈的凸显出来呢？可是我们已经说过了，整场没有什么事物让我们觉得无聊，但看事后的"空虚"表现，是对整场活动的"不满"，显然消磨时间是彻底的弥散在整个情境中，这种"充满"恰似"无"。这种消磨时间不是如第一种无聊"课堂上的消磨时间"因明确的事物或突出的情绪而出现的"点状"，而是如一张白纸又涂满了一种颜色——白色，你感觉不到其中的任何差异，但它确实是被涂满了白颜色的纸。这就是无聊的第二个层次——无聊于无形之中。

无聊于无形之中，发现不了任何无聊的东西，而消磨时间却支配了整

个情境。因为无聊于无形之中，所以你不知道当时你是无聊的，所以没有
反思，没有追问。海德格尔把这种感知不到明确的无聊事物的状态称为：
"听任自己滑落到这种奇特的漫不经心的状态（Lässigkeit）之中。"① 在这
里时间没有逼迫，但却整体的与无聊纠缠在一起，你所有的活动都不知不
觉地在消磨时间中，也就是如我上面所说的纸上涂满了白颜色，你注意不
到，是因为它是白色，而且被涂满了。所有的活动都是忙碌的填充，都是
形式的填充。所以说整场活动，晚宴的推杯换盏，KTV 的歌舞升平对于
你来说其实都不是特别感染你，能够激起你无限内心激情的事情，更或是
说对你来说，对比你在书桌前看一本你喜欢的书，在沙发上拉着爱人的手
看一集电视剧，你看着一个月的婴儿在你怀里入睡……这些吃饭、唱歌都
不是对你来说真正有意义的活动，都不是你自己内心所寻求的能够满足自
己的活动，只是也许被当时的气氛带动，如被挠痒痒般的欢笑而已。你没
有特意的抵抗，你在漫不经心中听任自己滑落其中，随波逐流。因为是
"漫不经心"，从语义学上讲，就非常明了的告知了，就是"不经过心"了，
即不走心，随便怎样，反正不放在心上了。因为不放在心上，所以经历的
一切对于"心"来说都是"空"，所以我说是：实质内容的空，意义的空。
这是无聊的一种深层次的侵袭——它从深处慢慢蒸腾，无形地裹挟着你，
把你置于这种漫不经心的状态，所以你对"内容"或"意义"的追求一开
始就抑制掉了。你漫不经心了，你放任自己了，你沉沦于当下(这里的"沉
沦"不是我们日常理解的贬义"放纵"，而是指不寻求生命意义，从心灵
家园离开)，逃避自身中形成了"空"，整场的"充实"缺席，你"空"的
无可救药了，你已经不是真正的你了。真正的你存在于安定的精神家园。
而聚会中你还用形式上的、表面的东西填充，你唱歌、喝酒……可由于一
个是心灵层面的，一个是非心灵层面的，在填充的完成之后，两者事物的

───────────

① 海德格尔：《形而上学的基本概念》，赵卫国译，商务印书馆 2017 年版，第 171 页。

不兼容就非常明显地凸显出来，这种感觉更让人恶心，所以你"吐过"之后的"胃"更觉空虚。

这里可以看出，这层无聊不是源于周遭的事物，而是源于我们自身。终于我们可以说：无聊作为一种情绪是原初的、本真的、属人的特质。它从人自身的内部脱离，又从人的外部如气氛一般将人包围。在这种状态下，你的心不在场，去哪里了不知道，你也不是那个完整的你了。

第二层无聊的内涵已经阐释了，那么在这种无聊的形式中，我们与时间的关系又是什么呢？时间是多么奇妙啊，它外在于我们，又内在于我们。它停顿在这里，以一种巨大的无形的力量约束着我们。我们之前说过整个情境都是形式填充，那么消磨时间就是不知不觉地弥散其中，贯穿始终。时间就那么放在那里，无须等待，无须期待，我们为聚会给出了时间，这是我们预先就准备好的，所以整场我们没有在意时间，反正是事先就给定了，所以任其或快或慢的流逝，我们没有被其约束、束缚、拖住……，时间放任我们自己，我们在自己给出的时间里放任自己，使自己成为没有"心"的自己，这是一个多么重的"心机"——让我们在自己给出的时间里，以更深的方式拖住了我们。让我们的"整体时间"（心灵有归属的、安顿于心灵家园的存在）被割裂了，那个断层就是如这场聚会的、没有"心"的、我们自己给出的时间。这场发生的事件因为时间的不约束，时间的"消隐"，使我们仿佛在这个期间没有存在过。

第二天的醒来，你被不知名的东西笼罩着，找不到具体的集中点，模糊而陌生。你不知道昨晚的你是谁，你做过的一切，那个举杯敬酒唱歌欢闹的人怎么那么陌生。在这里不得不提出海德格尔的"此在"了。海德格尔创造了"此在"（Dasein）来替代人，"da"原意是"那，在那"，在这里指通过对"存在"的领会而展开的存在方式。"sein"是存在、是。"此—在"（在此—存在），并用"—"表示一种动态，表示正在生成的但目前仍然是个尚不是的东西，这就是人的生成过程，海德格尔以此来表明人的生成性和超越性，他一直在生成着，每时每刻都在超越着自己。此在"在世存在"（Das In-der-Welt-Sein），在生成的过程中，在世界中的展开过程中，呈现其生命价值。"此在"具有整体性的时间，过去、现在、未来无缝隙的一体，"过去"是作为历史保留在"未来"中，"未来"是以先行到时的方式而存在的有限"未来"。这个"此在"就是真正的你，或者我们把它称作"本己"（你本应该的样子）。而那个在聚会上"漫不经心"的你就是"此在"的沉沦，"本己"的沉沦。再明确一下，这里的"沉沦"不是我们日常理解的贬义"放纵"，而是指不寻求生命意义，从心灵家园离开。"此在"是整体性的时间存在，而你"本己"的沉沦，你的"漫不经心"割断了这个整体，你给出时间任其消耗，没有"意义"寻求的你从"本己"中沉沦下去，一直在一个延续的"现在"中持存着。使"此在"的时间性在此在无法作为整体显现时展现，使时间就持存在"现在"，在此，"过去"、"现在"、"未来"的一体，被无限延伸的"现在"割裂了，"过去"不再是"现在"的"过去"，"未来"也不再是"现在"的"未来"，"现在"成为断裂的，以封锁"过去"和"未来"的方式自行的延伸，这就导致"此在"不再作为整体的时间性存在了。这个"现在"的持续，这个整体时间的"停顿"就是"本己"的沉沦，而我们的"本己"的过去和未来都已忘记。停顿着的"现在"强行地把我们约束其中。整个聚会期间，我们沉迷于其中，不知所谓，停顿着的"现在"制约着我们。

这里我们再一次的明确，是什么让你第二天醒来感到无比的空虚？是什么让你感到无聊？答案就是：你对沉沦的自己感到无聊，对那个不寻求生命意义，从心灵家园离开的自己感到无聊。这就是无聊的第二层次。这种无聊是对存在、对意义的怀疑和否定，是内心的空虚和精神的贫瘠。这种无聊不是由任何客观事物引起的，人们不是关注现在和未来，而是回溯过去，懊悔自我对时间的浪费，体验到空虚，从而阻碍了当前继续做事的意图。

三、无聊之超越时间

最后让我们从虚无中探寻无聊的第三层意义。

《莫名的无聊》

你是否有过这样的经历，在黄昏时分被一种浓浓的情绪气氛笼罩着，无限的压抑、茫然、空虚和无所适从，情感没有依托，你感觉"抓"不住任何东西，世界像个巨大的空洞，任何事物进入，都被消解。你甚至对自己陌生……，你想逃离，它却如影随形。

或是在寂静的夜旦，你感觉时间滴滴答答仿佛吞噬着你的生命，而你却在窒息的、无能为力的绝望中遇见了另一个自己，那个隐藏的很深的超越你自己的真正的自己。

……

——无聊的我

无聊作为本真的根本的情绪，是超越自己看自己，海德格尔的时间从无聊走来。这种情绪是一种莫名的厌倦，没有原因，或者说没有表面的原因，就是心里空空的，没意思。它偶尔会出现，出现在早春的公园，傍晚的街头，你怀疑很多事物. 你追问着时间、追问着情感、追问着心情，是环境影响了你，还是你左右着环境。无聊无法驱散，因为它本来就在那里，"我们不想让它醒了——而它，无聊仍本已醒来并睁开眼睛——尽管从远处——看透我们的此一在，或者说，用这种目光已经彻底看透并感染着我们。"[1] 海德格尔不想让无聊入睡，而是让其清醒。因为这样才可以追问无聊"鬼鬼祟祟"的特质。海德格尔将无聊作为情绪来理解。无聊这种

---

[1] 海德格尔：《形而上学的基本概念》，赵卫国译，商务印书馆 2017 年版，第 118 页。

擦肩而过的情绪却是本质性的，这种本质性东西的神秘性在于被其感染，却又好像没有被感染。海德格尔把无聊这种本真情绪作为通达人的此一在的方式。海德格尔把无聊的情绪作为现实事物的阴影；深度无聊比作沉寂的阴霾飘来荡去。

无聊隐藏或伪装得很深，瞬间的侵袭却长时间的折磨着我们。我们努力消除却挥之不去，我们越是抵制，它便越是显现出坚强，而绝不退却。即便你偶尔暂时驱散了它，它还会像不断燃烧的浓烟一股一股不断地涌向你，把你逼到绝境。你越在意它，它存在感就越强。所以不立刻对抗，而是让其回荡。

从这里我想我已经开始偏离海德格尔了，但也许与他并不遥远。海德格尔的"深度无聊"无法举例，因为无聊自身已经无聊化。海德格尔从无聊作为基本情绪揭露此在和作为一个整体的存在者存在的根源角度论证这层无聊。那么我定义的第三种无聊：无聊作为人的本真的情绪，是在时间这个维度上的意识的虚无体验。在体验中对自己本身存在的追问，在对世界的否定过程中，对自身进行把握。

我们生活在这个世界上，是自然的，是社会的，是交织在社会各种关系的结点。但你是否曾经想过在你的背后，在混迹世间忙忙碌碌，吃饭睡觉工作谈恋爱……的你的背后，有一个"本己"存在，你不过是这个"本己"的阴影，但你与你"本己"的通达和审视是极其困难的。像我曾经说过的时间之外的你的维度与你平行存在，也许是情感、也许是灵性使穿越成为可能。你只有在特殊的瞬间才能感受到它。那一瞬间时间停止，你不在时间之中，这个极特殊的瞬间就是深层次的无聊蔓延的时候。就如同黄昏时分浓浓情绪气氛的笼罩，你的压抑、茫然、空虚和无所适从，你的没有依托，你的窒息、你的无能为力和绝望。那时一切都是虚空，你无聊厌烦，但你又不知道厌烦什么，无聊的东西不现身。这种无聊就是对世界整体的否定，一切都是虚无，一切都没有意义，更或是把虚无都隐藏起来。

无聊作为本真情绪，不现身、不呈现、以未完成的方式存在。你不再存在，你被吞没了，什么都不存在了，世界上的一切都是无差别的统一。在这个情绪中"本己"把你带入一个寂静的深渊，一个空洞，世界万物都在此消解，只剩下你和你的"本己"照面。所以我说：无聊是填不满的黑洞，进去的一切都无法逃脱，被消解。你与世界拉开了距离，世界消隐在巨大的空洞里。最后你自己跳进深渊，什么都看不到，撕裂的虚空，你在其中感受着，在一片虚空中你感受到了身与心的距离、生存的有限性与永恒追求的距离、生与死的距离、你与本己的距离……在一场痛苦的折磨后，你作为与本己交融的你，超越自身和世界重返回来，世界在崭新的你面前重新生成。你是世界的，世界是你的。

这就是无聊的第三个层次：深度无聊。无聊作为人本真的情绪，没有对象，没有因果关系，也与心理无关。深度无聊没有具体刺激或注意的焦点，无法用消磨时间来对抗，现在、过去和未来混杂在一起，但这种无聊揭示出人类的本质，它是一种回归，一种心灵的回归，这种回归是某种推动在自身之中存在的事物。它让你更关注了时间，关注了生存，人在其中体验自己、思考存在。

第二章　无聊与存在

现在让我们将思考再次指向人自身的存在，人的整体存在。"人是什么?""人怎样存在?""是什么使人成为人?"——而只有在对一切事物的认识的终点上，才能实现对自身的认识。

我常常认为人是介于动物性与神性之间的，身体性是动物的本性，是一种原始的欲望，是有限的、时间之内的、必然的；而精神性是神性，是无限的、时间之外的永恒的、自由的。人在其中仿佛是一手拉着一条线，并被两方不断地撕扯着。当被身体性或动物性拽着的力量更强时，那么他偏动物性更多；当被精神性或神性拽着的力量更强时，那么他偏神性更多。人在其中或是被双方的矛盾撕扯着痛苦地前行，或是驾驭两者间的张力将两者不断地融合和使之相互趋向着的和谐。同时人的精神中包含两个层面或者说两个维度：精神自己和精神本己。① 精神本己是一种超越的维度。身体、精神自己和精神本己三者相互独立分离又相互纠缠。总之，人既不是绝对的物质性存在，也不是绝对的精神性存在，人是整体的多维存在，是身体的有限性与精神的无限性之间、身体与精神自己、精神自己与

---

① 第一章节中论述的："自己"后面有一个"本己"，自己不过是这个"本己"的阴影，但自己与"本己"的通达和审视是极其困难的。也许是情感、也许是灵性使穿越成为可能。只有在特殊的的瞬间才能感受得到它。

精神本己的距离、矛盾和张力下的存在。

那么无聊在其中是以何种角色出场呢？

从"无聊与时间"章节的三个情境中我们可以初步提炼出无聊的几层含义。第一层：无聊是一种状态，由某种具体的事物引发的无聊。具有高强度和紧迫性。人们在当前存在的时间内，清晰地感觉到时间的存在，做事意图受到阻碍，时间留白无意义，人们无所事事，消磨时间，处于不安宁和空虚状态。在其中时间不再是客观意义的，而是时间意义的无限拉长，或持存。第二层：存在对意义的怀疑和否定、内心空虚，精神贫瘠。这种无聊不是由任何客观事物引起，人们不是关注现在和未来，而是回溯过去，懊悔自我对时间的浪费，体验到空虚，从而阻碍了当前继续做事的意图。第三层：是深度无聊，即无聊作为人本真的情绪。深度无聊没有对象，没有因果关系，也与心理无关。深度无聊没有具体刺激或注意的焦点，无法用消磨时间来对抗，现在、过去和未来混杂在一起，这种无聊揭示出人类的本质，"犹如寂然无声的雾弥漫在此在的深渊中，把万物、人以及与之共在的某人本身共同移入一种奇特的冷漠状态中。"由于自我无法融入任何事情，拒绝所有活动，因而会体验到深切的绝望感。现在如果再把这三个层次合并为两个，即为第一，一般意义的无聊（包括前两个层次）：就是精神的匮乏。第二，深度无聊（第三个层次）：无聊作为人本真的情绪。然后再试图依据这两层的含义分析无聊与身体、精神自己和精神本己的关系，即通过三者之间的矛盾论证无聊的根源，以及通过对无聊根源的论证来阐释无聊的人的存在特征。

首先，我把"一般意义的无聊"理解为源于精神自己与身体的矛盾。身体无法通达精神自己，对精神层面的拉扯无力，精神处于匮乏，这时就产生了无聊。所以说"一般意义的无聊"处于身体与精神自己的辩证关系中，并通过身体和精神自己来规定。身体和精神自己既相互排斥又相互同一。此时身体是一种饱和状态（欲望是满足的），但由于精神自己的拉扯无力，让人处于"空"的状态。所以说无聊是因为缺乏在身体和精神自己两极之间和谐的现实力量，无法实现现实的同一（综合）。总之"一般意义的无聊"与人的生存处境紧密相连，在时间中人与精神自己相遇，"一般意义的无聊"是现实中人精神自己的匮乏。如果精神空虚，愿望无障碍的被实现了，那么就没有了希望。失去了渴望和希望，可怕的无聊就滋长了，人们被这种内心的空虚折磨、不堪忍受。这个无聊指向自我（缺乏存在的目标和意义），要设定自身。

其次，我把"深层无聊"理解为是从精神自己到精神本己的超越。精神本己与精神自己出现了裂缝。精神本己本身是一种超越的维度，是在"神性"的层面上。精神自己和精神本己处于既排斥又同一的关系，精神本己是对精神自己的否定和扬弃。人在超越的过程中，即从精神自己到精神本己的超越过程中体会到了深层次的无聊和虚无。所以说对深层无聊的情绪认知是通往神性的"精神本己"的途径。

当然这两种层次的区分不是泾渭分明的，有时是模糊的。而且我更倾向地认为是深度无聊规定着一般意义的无聊，是深度无聊规定着存在与虚无，即当深度无聊照面了精神本己的当下，打开了虚无，也因此同时打开了"存在"的可能性，并认识到"存在"和与之相对的"虚无"不过是"同一"。我在"无聊"之中，生活与存在辩证连接。同时深度无聊包含着否定性精神和否定之否定性（肯定性）精神。

　　她原本生活在一个普通人的家庭，她聪明漂亮、勤奋好学，她像等待剧院里大幕拉开的小孩憧憬着未来。她在不断地痛苦的努力和挣扎中实现了一个又一个自己设定的目标，也在实现目标之后不断地对生活有了新的需求和欲望，她逐渐地改变自己的命运。有一天她终于富有了，一切唾手可得，却百无聊赖，无所事事，落入无聊的魔掌，她越来越痛苦，还来不及对某些事物渴望，或是刚刚渴望，就满足了，渐渐地生活没有了憧憬。为了逃避无聊她和其他的千金、贵妇们到处"消遣"，唱歌、喝酒、吸毒、打麻将、疯狂购物，不断地更换男朋友寻欢作乐，一方面追求形式上的"在一起"，以填补所谓的空白；另一方面对人和事物都贪图新鲜的诱惑和刺激，以求"点燃"死气沉沉的生活，然而每一次一旦"尝到"了新鲜，欲望得到了满足，短暂的快乐之后，她就又会陷入无限的无聊之中。这种感官刺激在百无聊赖的重复中变成空虚而又痛苦的煎熬。她经常说着"真没意思"，"还有没有更刺激的？"一次酒醒之后她看着她宽敞的别墅，她痛哭流涕，她觉得一切奢侈的消费、热闹的喜庆、富丽堂皇的排场都是徒劳的努力，都是对她现有的贫瘠的、可怜的生存状态的掩饰。她怀念小时候一直抱着的洋娃娃，一抱就是几年，那时候她没有其他的玩具。她给娃娃梳头、洗澡、做衣服、倾诉……她对娃娃投注的情感超过之后几十年所有的玩物。她怀念她曾经为了达到一个小目标所付出的时间和努力，她还怀念她不能马上得到某物时的期待，如同恋爱初期的悸动……而如今她看着镜子里的自己，突然模糊了形象，心里有个声音，那个"她"告诉她："一切都没有意义。"而当她得知这一真相后，她更加痛苦，她仿佛摘下了面具，珠宝首饰、华丽的衣服、堂皇的别墅的璀璨都仿佛慢慢黯淡下来，最后消失在视线里……她突然不想在这样的"地狱"里待着了，因为她觉得在这个"地狱"里每个人都是折磨别人、被别人折磨、同时又是自我折磨的魔鬼。

然而她终究没有勇气去死，何去何从，是应该把它撕碎了，轻蔑地踩在脚下，还是继续纠缠在懊恼中。于前者一定是艰难和放弃，但即便仍然晦暗，那做撕碎状的洒脱也必将是壮烈的。于后者就是现在一直所持续的麻木和痛苦。终于，在这样反复后，她决定即便看透了人生的无奈，仍然继续热爱它。

——无聊的我

一、无聊之存在的否定

在深度无聊中，人置于虚无之中，置于纯粹的存在之上。深度无聊解释了存在自身的无意义和无根据。下面我试图通过帕斯卡尔、叔本华和克尔凯郭尔的无聊观论证无聊的否定，即深度无聊与虚无的关系，无聊与存在的关系，进而论证"深层无聊"与精神自己、精神本己之间的关系。

"没有对精神事物的渴望，人便会无聊"——帕斯卡尔后面

帕斯卡尔（Blaise Pascal）的"思想的芦苇"开启了对人本身的认识。"人只不过是一根苇草，是自然界最脆弱的东西；但他是一根能思想的苇草。用不着整个宇宙都拿起武器来才能毁灭他；一口气、一滴水就足以致他死命了。然而，纵使宇宙毁灭了他，他却仍然要比致他于死命的东西高贵得多；因为他知道自己要死亡，以及宇宙对他所具有的优势，而宇宙对此却是一无所知。"[1] 人是矛盾的统一，人在本能与理智之间、天使与恶魔之间、善良与邪恶之间、伟大与渺小之间、坚强与脆弱之间、高贵与卑贱之间挣扎着。人生活在有限的空间里、有限的时间里，只有死亡才是永恒的沉静。人的存在是虚无的、偶然的、孤独的、荒诞的。我们失落在未知时间和空间的寂静中，虚无地沉溺于世界。"人是怎样的虚幻啊，是怎样的奇特、怎样的怪异、怎样的混乱、怎样的矛盾主体、怎样的奇观啊。"[2] 人们充满着无限的虚无和孤独感。"正像我不知道从何处来，我同样也不知道我往何处去；我仅仅知道在离开这个世界时，我就要永远的归为乌有，或者失落在以为愤怒的上帝手中，而并不知道这两种状况哪一种应该是我永恒的部分，这就是我的情况，它充满了脆弱和不确定。"[3]

---

① 帕斯卡尔：《思想录》，何兆武译，商务印书馆1986年版，第157—158页。
② 帕斯卡尔：《思想录》，何兆武译，商务印书馆1986年版，第196页。
③ 帕斯卡尔：《思想录》，何兆武译，商务印书馆1986年版，第93页。

　　人的痛苦在于一方面空虚和无聊，另一方面在于劳碌和消遣。人不堪忍受无聊、却又不得不陷入无聊，无所事事、没有激情、没有冲动……感到无限的虚无、沦落和空洞。人们努力为克服障碍而辛劳，想以此获得平息。但是，当我们克服了障碍，反而不能承受平息带来的无聊。这种无聊就是人生的无限空虚，只是因为匆匆忙忙的人生，我们才被阻挡了这种体验。所以即便人们辛勤忙碌、唱歌、跳舞、游戏、消遣都于事无补……只不过是借以掩饰自己的无聊、自己的虚无、自己的沦落、自己的无能、自己的空洞，人沉沦于世，就是人之悲剧。无聊不是在内省的心里的通达，因为人的欲望从矛盾中而来，在自我扬弃中搁置。在其中无聊的人是不幸的，是痛苦的。

　　帕斯卡尔解读无聊的原因："没有对精神事物的渴望，人便会感到无聊。"① 在这里"没有精神事物"是不知道自己要的是什么，是找不到真正的生活目标，对自己没有定位、是空洞，是吞没一切的漩涡，是进去的一切都被消解，是精神追求以缺席的方式缺席。换句话说，如果我们知道自己要什么，而精神无法达到那是"缺席"的在场。而这种"没有精神事物"的空洞就是虚无，就是缺席的缺席，就是对自我的怀疑，对"意义"本身的怀疑。没有明确目标的无生气的渴望，人就会变得如死一般的衰弱无力。

　　对于帕斯卡尔，无聊直接来自人的世俗化，即对上帝和天堂的背离和脱离。只有在无聊中上帝的神性才能被再度发现，也就是说，在无聊中产生了痛苦的意识，人的自然神性、神性的渊源才能被再度挖掘。他认为只有无限的，不变的上帝才能充填这无尽的空虚。

　　帕斯卡面对浩瀚的宇宙，苍茫的人生，无限的追问，这种在空虚、失落、孤独、在无聊中的追问就是哲学的追问，"我能期待什么？""我们是

① 帕斯卡尔：《思想录》，何兆武译，商务印书馆1986年版，第126页。

驾驶在辽阔无垠的区域里，永远在不定地漂移着，……没有任何东西可以为我们停留。这种状态对我们既是自然的，又是最违反我们意志的；我们心中燃起着想要寻求一块坚固的基地与一个持久的最后据点的愿望，以期在这上面建立起一座能上升到无穷的高塔，但是我们整个的基础破裂了，大地裂为深渊。"① 然而无聊时人才能思考自己，才会从外反观自身，发现自身的空虚，虚无成了唯一的感受，这空虚指引着我们去发现自己在做什么，意识到自己的存在，发现存在不过就是空虚、匮乏、虚无。帕斯卡尔的追问是激动人心的，唤醒了人心中的困惑和不安，人是否可以找到可靠的根基，人生的意义到底是什么？

然而人却是一个为逃避自我虚无的本性而在消遣中被引向死亡的无聊的存在。这就是精神自己和精神本己的矛盾。人在空虚时向外诉求，不停地追逐直至在对象中遗忘自身，只有在缺失对象时，才发现自我，再继续追逐（欲望）循环，无解的困境。依附着周围的东西，就是消遣，就是海德格尔的沉沦、逃避。"无聊——对于一个人最不堪忍受的是莫过于处于完全的窒息，没有激情，无所事事；没有消遣，也无所用心，这时候他就会感到自己的虚无，自己沦落，自己的无力、自己的依赖、自己的无能、自己的空洞。他从灵魂深处马上就会出现无聊、阴沉、悲哀、忧伤、烦恼、绝望。"② 为了逃避自我的虚无，人们转移注意力，转移思想，以消遣逃避。可是消遣使人逃避自己并消融自己，人无视永恒悲催的必然性，却以茫茫无知的状态默默地走向死亡，从而沦入最大的悲剧之中。我们正是要在这个存在中获得自己不真实的"幸福"，"唯一能安慰我们之可悲的东西是消遣，可是它也是我们可悲之中的最大的可悲，因为正是它才极大的妨碍了我们想到自己，若是没有它，我们就会陷于无聊，而这种无聊会推

---

① 帕斯卡尔：《思想录》，何兆武译，商务印书馆 1986 年版，第 33 页。
② 帕斯卡尔：《思想录》，何兆武译，商务印书馆 1986 年版，第 63 页。

动我们去寻找一种更可牢靠的解脱办法，可消遣却使得我们开心，并使我们不知不觉地走向死亡。"①

总之，帕斯卡尔为无聊提供了一个存在论上的解释，为后来的存在主义奠定了基石。

"人生就是在痛苦和无聊中摇摆"——叔本华

悲观主义人生哲学家叔本华把世界的本质看作 Wille（意欲或者翻译成意志），把事物看作意志（意欲）的表象。这个"Wille"与人的认知、目的、计划有关的心理状态无关，而是超越时空因果的、与生俱来的本原的欲望。理性和知识都从属于它，这个无法捕捉的、既不满足、不可遏止、也不停止的"意志"却不顾一切的通过时空间的表象世界客体化。人生就是意志的表现，它是意志无法满足的欲求。意志在人身上的客体化表现为欲望，所以意志是无法满足的深渊，生命是一团欲望，欲望不满足便痛苦，满足了便无聊。所以意志的支配最终导致人生的虚无和痛苦，即"人在痛苦和无聊中摇摆"。只有人从自身的欲望中解脱出来方能拯救。

人受意志的支配和奴役，忙忙碌碌的结果却发现与虚空同在，人生就是痛苦和彻头彻尾的悲剧。人无休止地向前挣扎，而"挣扎是它唯一的本质。"②人生无法终止这种挣扎，因为挣扎是走向无穷，永远也得不到最后的满足。叔本华把这比作重力，"重力不停地向一个无广袤的中心挤去，即令宇宙大全已缩成了一个球也不遏制，而真达到这中心就会是重力和物质的毁灭。"③所以一切都在挣扎，无休止的，永不满足的挣扎，徒劳的冲动，摆脱不了自己的本质，"一径折磨着它自己直到一个现象消灭而另一

---

① 帕斯卡尔：《思想录》，何兆武译，商务印书馆 1986 年版，第 82 页。
② 叔本华：《作为意志和表象的世界》，石冲白译，商务印书馆 2014 年版，第 420 页。
③ 叔本华：《作为意志和表象的世界》，石冲白译，商务印书馆 2014 年版，第 421 页。

现象又贪婪的攫取了先前那现象的地位和物质。"① 这就是意志（意欲）与挣扎的关系，作为人或物本质的挣扎就是意志（意欲）在我们身上所表现出来的东西。

同时叔本华又阐释了意志与痛苦的关系。即"由于横亘于意志及其当前目标之间的障碍，所受到的阻碍叫作痛苦。"② 欲望得不到满足所以人生来就是痛苦的。所以挣扎是由于匮乏，是由于缺陷，是由于对自己现状的不满，只要不满足就会痛苦，一天不满足，就痛苦一天。而且没有一次满足是持久的，每一次的满足就是新的需求的起点。叔本华还认为痛苦与意志相关的同时必须伴随着认识力。精神痛苦的程度随着知识程度的提高而加剧。植物没有感觉，也就无痛苦感，动物的感觉也有限，所以痛苦的层次也很低，只有人，作为生命意志的客体化现象的最高阶段，也就是最痛苦的。意志（意欲）受到抑制和阻碍，但伴随着痛苦的同时也产生了对自我的认识，就像光线照亮了空间，空间里有物体存在并把光线反射回来。知识照亮意志欲求的各种活动，产生更深的痛苦，就是说清醒的知道自己深陷其中的人，比麻木酒醉不得自知的人更痛苦。而且痛苦与个性相关，痛苦使人的心灵世界分裂，完整的个性才能经历最深刻的灵魂痛苦。

意志的基地是需求和匮乏，一旦某个需求得到了满足，就会滋长可怕的虚空和无聊，人的存在和生存本身就会成为他不可忍受的重负。"任何人生彻底都是在欲求和达到欲求之间消逝的。"③ 叔本华认为：充满痛苦的生命本质因素就是无聊。对叔本华来说，人作为一个需求的生命本质，生活就是不足，就是永远无法满足的愿望，命运无情冷酷地践踏着希望，生命过程中不断增加痛苦，充满了荆棘。需求意味着匮乏，匮乏意味着痛苦。人尝试着克服，使需求得到满足，人的意欲就是人的需求。如果某个

---

① 　叔本华:《作为意志和表象的世界》，石冲白译，商务印书馆 2014 年版，第 421 页。
② 　叔本华:《作为意志和表象的世界》，石冲白译，商务印书馆 2014 年版，第 422 页。
③ 　叔本华:《作为意志和表象的世界》，石冲白译，商务印书馆 2014 年版，第 427 页。

具体需求得到了满足，人就会对这个形式上的具体需求失去了兴趣，这样人不能很长地忍受，就会陷入可怕的虚空和无聊。这是无法忍受的负担，时间死掉了，呈现了一个新的痛苦状态。所以说"人生如同钟摆，总是在痛苦和无聊之间来回摆动。"①

　　生命就是在逃避着痛苦和无聊。一方面人由于意志（意欲）的支配，人们自愿地向他所企求的事物奔去；另一方面，如果稍加满足，即匮乏和痛苦一旦令人喘息，空虚和无聊立即扑面而来，以至于人必然需要逃避，这种逃避就是需要"消遣"（排遣），即摆脱生存负担的挣扎，"使生存不被感觉，也就是消灭时间，逃避空虚无聊的挣扎。"② 所以匮乏的填补和以为无忧无虑的同时也将自己捆绑起来，这种空虚无聊同样令人痛苦以致令人绝望，无聊的痛苦如鞭打般难受，而关心填充钱袋胜过充实精神的人尤为痛苦，四处奔走寻求消遣，一如饥寒交迫的人寻求避难所。匮乏和无聊是人生的两级，需求和匮乏反面就是无聊。生活依靠着需求和幻想支撑起来，而一旦这些需求和幻象没有了，生存的荒凉和空虚就暴露无遗了。人就是需求的凝固物，满足就是为了消除痛苦，需求得到满足，痛苦消除的同时就落入了无聊的境地。在无聊中感受到了生活的无价值，生存的空洞和乏味。我们本以为我们存在就是渴求生活，但是我们连对自己的存在都不感兴趣，而且目标一旦达到，幻象就会消失。所以在叔本华看来：人生而痛苦，在虚无中度过悲剧的一生。愿望在其本性就是痛苦，达到就会产生饱和、空虚、寂寞、无聊伴随而致，只有寻求新的目标，然而一切目标只是形同虚设，占有的同时便失去刺激，新的愿望、需求又以新的姿态卷土重来。

　　总之，叔本华通过对"无聊"的阐释，唤醒了在理性主义重压下沉寂

---

① 叔本华：《作为意志和表象的世界》，石冲白译，商务印书馆 2014 年版，第 425 页。

② 叔本华：《作为意志和表象的世界》，石冲白译，商务印书馆 2014 年版，第 427 页。

已久的生命意志，唤醒了人们对世界的本质、人生的意义、价值、幸福、痛苦、虚无等问题的思考，也渗透了关于深度无聊与虚无、存在的关系：人生就像吹肥皂泡，明知道会破灭，也还是要尽可能的吹大。焦虑、痛苦、嫉妒、仇恨、恐惧、不幸、疾病、衰老和死亡是人生不可摆脱的东西，所以说作为欲望的人所追求的一切都是虚幻。人生的本质就是痛苦和无聊，意志的内在矛盾及其本质上就是虚无，存在就是不幸，存在就是可疑。人只有在艺术的精神活动中才有片刻的安宁和充实，或者在看清世界和生命的本质之后主动放弃自己的欲求，达到涅槃圣化之境界，否则就会回溯到存在本身，就会与深度的无聊照面，那么生存的空洞和虚无就会袭上心头。

"无聊的空虚是存在的开始"——克尔凯郭尔

"人们把手指插进土地，为了闻一闻，自己是在什么地方。我把手指插进此在，它什么味道都没有。我在哪里？世界，这是什么意思？这个词意味着什么？是谁把我引诱进这一切而现在让我站在这里？我是谁？我是怎样来到这个世界上的？为什么没有人问过我？为什么没有人按照习俗让我知道，而是把我放进整体的一个环节，就好像我被一个人口贩子买下了？我在人们称为现实的巨大行动中怎样成为了参与者？我为什么应当是参与者？这不是一件自由的事情吗？如果我是被迫成为这样的人，那么，能让我向他提出意见的指挥者在哪儿呢？难道没有指挥者吗？我应当到哪儿去抱怨呢？"——克尔凯郭尔《重复》。

这就是克尔凯郭尔"经历"的虚无。而正是"无聊"的生存状态，向他打开了虚无，也因此打开了"存在"。克尔凯郭尔是通过对基本情绪"无聊"的思考和追问深入了"存在"本身。在他看来虚无就是无聊的虚无，无聊也已经是浪漫主义讽刺者情绪上的"连续性"。这样，沉重、恐惧和绝望的虚无最初就表现为浪漫主义讽刺的无聊的虚无。这种根本上的无聊并不是对这样或那样东西感到无聊，而是一种根本无对象的自我无聊，对一切和每一样东西，因为根本就很无聊。它对于人的自身存在来说是一种自身的空虚，这种空虚虽然可以通过工作和消遣被充实和驱散，但却无法被消除。这里的"无对象的自我无聊"就是我们谈论的深度无聊。而且这种深度无聊有原则上的高度和意义，它在虚无面前把人带向自身。

克尔凯郭尔认为生存根本就是荒谬的：开始就是无聊，始于无聊，上帝无聊，所有人都无聊，除了无聊一无所有，不是这种无聊就是那种无聊，谁在无聊之中并认识到无聊是高级阶层。每个人都处在无聊之中，尽管有些人不得自知，假装总是有事情做。

无聊作为虚无情绪的体验。深度无聊解释了存在自身的无意义和无根据。克尔凯郭尔阐释：人就是"孤独的个体"，存在就是自身的空虚。存在是个别瞬间的存在，每一瞬间个人内心深处所感受到的无常、颤抖、痛苦和绝望。这种无聊是一种无法忍受的状况。可怕的无聊，人们在自身什么都看不到，撕裂的虚空，人们在其中活着，在其中感受着，当人们接收到一种思想，它最终也是与无限链接，即思想没有结果。无聊是所有邪恶的根源。克尔凯郭尔认为"无聊的不朽，在虚无中的连续性"。虚无的体验与畏是一对，在虚无中，通过虚无入侵，对魔鬼的畏与对善的畏在彼岸世界是相同的。在虚无、无意义、虚空、无聊中的体验，这一切都是远离天国的表达。虽然克尔凯郭尔也延续了帕斯卡尔、叔本华的"存在的虚无"，但克尔凯郭尔把"虚无"奉献给了上帝。因为他相信只有无限可能的上帝能够让存在从虚无中产生出来，或者以一种积极的方式成为虚无。

总之，帕斯卡尔、叔本华和克尔凯郭尔的无聊形成了这样的图示：匮乏＝痛苦—饱和＝无聊—无聊＝痛苦，人生充满了痛苦和虚无，每个人都陷入深度无聊之中，怀疑自己，怀疑意义，一切都是虚无。所以我们可以说无聊与存在虚无之间的关系就是：在无聊中以回溯的方式与存在照面，即从无聊中把虚无揭示出来，同时通过无聊把虚无向存在的过度展示出

来。通过无聊——虚无向存在过度。或者用另一种方式解读：从深度无聊
出发面对人本身的特征，超越精神自己进入精神本己，在深度无聊中回归
精神自己。深度无聊规定着存在与虚无，虚无通过深度无聊被给予我们，
与我们照面。一切都被消解，一切似乎都不存在，对于我没有任何意义。
也就是说，精神本己中蕴含着与生俱来的深度无聊、虚无，而这种深度无
聊导致的虚无再投射到精神自己中就是捕捉不到自己的定位，无聊揭示自
我的真实处境。当我们有存在感的时候，是因为我们处于无聊之中，并感
到一切的虚无。在无聊的痛苦折磨中，自我感知存在。

二、无聊之存在的否定之否定

人不是绝对的物质性存在，也不是绝对的精神性存在。人是多维的综
合存在，整体性存在，是身体、精神自己与精神本己的"分裂"与"同一"
存在。身体与精神自己之间、精神自己与精神本己的分裂是无聊的根源。
人是身体（肉体）与精神、有限性与无限性、瞬间与永恒、必然与自由等
因素构成的。当他们处于彼此分裂状态，缺乏两极间实现综合的力量时就
会陷入无聊之中。无聊是一种人类存在的特征，无聊是个体的生存境遇，
是人痛苦的根源，无聊就像"苦难"一样，是人生的一种不可避免的限制。
因为这种无聊的基本情绪使人无法脱离自身，才在世界历史中存在。认识
无聊是一种对人自身的认识。在深度无聊中，人置于纯粹的存在之上，置
于虚无之中。既然人无法从无聊之中退出来，与其回避，不如"猛烈的上
升"在自身中被驱赶出来（呈现出了一种对抗的意识），以达到一种真正
的存在。

无聊作为伴随着虚无的特殊感知现象，揭示了人的身体与精神自己之
间、精神自己与精神本己之间的裂缝与张力。在无聊的体验中，虚无从思
想的规定性中明晰——生存的无聊是人的方式，人们窒息在无聊之中。在

无限的深度的无聊中，虚无显现，人的困境在无聊的基本情绪中得以揭示。无聊的基点在于割裂、人的身体与精神自己之间、精神自己与精神本己之间的分裂，人们对永恒的追求同他们生存有限性之间的分裂。在深度无聊中，即在精神本己的超越中，存在显现，存在的内部包含着否定的辩证法——虚无，此时精神己己缺失的存在，而与此同时，人们也开始在精神本己中正视虚无，正视深度无聊、以此产生了一种对抗虚无的生命力，是勇敢还是逃避？人于始为自身谋划。此时从超越的维度精神本己回到精神自己，又在精神自己与身体的短暂的融合中同时实现自身的完整性。所以说身体、精神自己、精神本己都参与了存在的维度。然而否定的力量即人的身体与精神自己之间、精神自己与精神本己之间、有限和无限之间的割裂是必然的，而肯定的力量——实现自身的完整性是偶然的，辩证的循环上升的过程。

人在无聊（深度无聊）中体验到的是一种永恒无声的注入，然而弥散开来，无聊的情绪无限和无处不在。深度无聊是人类基本的情绪，也是所有创造的源头。无聊揭示了人的身体与精神自己之间、精神自己与精神本己之间的距离和缺失，而正因为有了缺失、距离，才有了在缺失中填充的必要，才有了拉近距离的努力。人的本质在这样的循环上升中自我实现。无聊是人的本质实现的机遇，是生存个体获得其本质的起点，无聊作为起点是痛苦的根源，而正因如此，正因为无聊，生存个体才发现自身委身于这个事实之中并给出了逃避或是冲击的选择。在虚无之中面对选择：第一，恐惧、失衡，不能实现生存的幸福。第二，反抗无聊，新生活的向往，当然在向往新生活的同时也伴随着焦虑和不安。

走出无聊，必须意识到无聊并接受无聊。个体的幸福是接受无聊，并处于否定之否定（生存无限的否定自我）的过程。即陷入无聊—认识到无聊（虚无与存在）—反抗无聊（真正的存在）—再度陷入无聊—再次反抗无聊……在与大地的亲密关系中找到"归属"。正是因为无聊，人才发现自身身体与精神自己，精神自己与精神本己之间的悖论和矛盾，并认识到自身的匮乏，只有"丰富"才是趋向的动力。才能认识到人是一个有限和无限构成的综合体，人具有超越自己所是的现实可能性和逻辑必然性，人作为自然属性、社会属性、精神属性和发展属性的统一整体，人的生存是个体生存和整体生存的辩证统一。如果按照马克思，人的生存是"以一种全面的方式，就是说，作为一个完整的人，占有自己的全面的本质。"① 克服无聊、反抗无聊以成为真正自我的生存之路。

无聊处于对立面之间的辩证关系中，并通过其对立面来对无聊作出规定。无法在对立双方之间建立起内在的统一，因而处于分裂状态，因而是无聊的。有限的自我和无限的自我是相互对立的对方，当自我试图用自己的力量去设定两者的关系时，二者无法建立起真实的关系，从而陷于无聊之中。这种无聊就是一方无法达到另一方的缺失之中，所以有限性的无聊是缺乏无限性，无限性的无聊是缺乏有限性。同样，在可能性与必然性的关系中，无聊同样意味着对立面之间的一种缺失，可能性的无聊是缺失必然性，必然性的无聊是缺乏可能性。

然而无聊的价值在于无聊给自我反思以可能，深度无聊中的反思，使精神自己的精神性更强，显现了人精神的崇高。无聊是一种痛苦的状态，是分离，是距离，是分裂，是无意义的生存方式，是人生的悲剧，无聊越强烈，摆脱无聊的意识也就越强烈，这就是无聊的辩证法——无聊之否定之否定。这是精神本己中深度无聊的抗争过程（靠行动抗争，与虚无的抗争），让精神自己与精神本己的分裂和距离得到弥合或者说综合。因为深度无聊就是精神自己与精神本己的分裂和距离，精神本己中的虚无，让两者出现裂缝，所以说只有克服了无聊才能弥合两者的裂缝，以此达到精神自己层面上的提升，同时也让精神自己与身体的矛盾，即精神自己的匮乏

① 《马克思恩格斯文集》第 1 卷，人民出版 2009 年版，第 189 页。

造成的身体与精神自己的分裂和距离得到弥合，实现现实的综合。（因为一般意义的无聊是身体与精神自己的分裂，精神自己的匮乏，有裂缝）此时达到暂时的人的整体性的综合，即暂时克服无聊，达到幸福、愉悦、满足的状态。这是一个开放的状态，三者都处于开放状态，关系也处于开放状态。在分裂和综合的张力中，人不断地生成建构着自我。自我是整体，自我中的三者分分合合。这就是身体、精神自己、精神本己的辩证关系。

人处在整体的自我生存奋斗的巨大张力中，自我选择获得了前所未有的意义，每一次选择都是选择个人的命运，每一次选择都是一次激情的冒险，几层分裂的无聊，个人只能自己去体验，在孤独中面向自己的个体体验（经验）——反无聊。人要勇敢的面对无聊，不逃避，不掩饰。在抗争中调和矛盾，在希望的可能性中采取行动，在行动中证明自己的存在。在抗争中才能得到真正的快乐，感到内心的充实和幸福，在抗争中穷尽可能的领域，获得生活的满足。

深度无聊的蔓延，意识到无聊的存在，精神自己与精神本己的关系得以揭示，本己的超越，即对无聊是什么和人所处的无聊状态的意识。深度无聊向人揭示了真正自我的命运和任务。无聊使人真正面对生存的虚无和无意义，从而在生存的绝境中发现自我，无聊因此是生成的契机，个体向更高阶段飞跃，真正的自我在飞跃中得以实现，从而体验真正的人生境界。在无聊中发现自我，无聊本身就是一种选择，无聊中蕴含行动的动力，无聊的个体经历与虚无的抗争之后方能获得，与生存的虚无相遇，要采取行动，要去选择。

人的本质不是凝固不变的抽象物，正是在无聊—反无聊（抗争）的过程中不断形成自己的本质。人的本质在身体与精神自己之间、精神自己与精神本己之间的张力（分裂、综合）中永不停歇、指向未来的不断建构生成。处于否定性状态的关系中，从生存处境中寻找自我。

人不是绝对的物质性存在，也不是绝对的精神性存在。人是多维的综合存在，整体性存在，是在身体与精神、无限性和有限性、瞬间和永恒、自由与必然之间的矛盾和张力中的存在。既相互分离，又相互趋向。在一种分离又相互趋向的力量中，人不断的生成。

第三章　无聊与批判

现代科学技术不断向前发展，新的理性主义思潮泛滥，让技术理性成为人类唯一的支柱。虽然社会生产力大幅度的进步，但一切都以数字化、原子化为表现形式。启蒙神话破灭，人的异化不断加剧，人性在其中泯灭，人的意义和自由开始丧失。在这样的情况下，西方马克思主义者致力于批判和超越这种现代人的文化危机和生存困境，卢卡奇借鉴韦伯的理性化理论和席美尔的物化思想，从技术理性对人的主体性消解的视角出发揭示现代社会的异化现象。法兰克福学派以霍克海默、阿多尔诺、马尔库塞为代表，以技术理性统治和技术异化为对象的文化批判理论。马尔库塞批判当代人类的文化困境；霍克海默和阿多尔诺揭示了理性启蒙导致人的自我异化，导致技术对人的自由和个性的扼杀。弗洛姆对现代人的异化的心理机制和性格结构进行剖析。

科学技术的发展和财富的增加缓解了人类由于匮乏所引起的生存压力，但与此同时，文明对人本性的压抑更加强烈，并且渗入到人生存的各个领域，以至于人的心理更加压抑，性格更加扭曲，存在方式更加异化。在这样的境况下，"无聊"被更加突出地呈现出来，人们深陷无聊之中。思想措手不及的困顿，物质的极大满足映衬着精神的空虚、无"家"可归。人变得更加孤独、冷漠、麻木不仁。无聊像流行病一样的蔓延所有的生活领域，工作领域充满了无聊，学习中充满了无聊，婚姻中充满了无聊……

最终整个世界可以说成是一个"无聊的世界"。

无聊的一天

不变的路线，不变的时间、不变的工作单位，他坐在不变的位置上，和不变的同事说着不变的那几个话题，处理每天不变的工作。中午在食堂里吃了可选性不太多的几个菜。下午迷迷糊糊的，时间很快就过去了。下班回家，他在门口抽了一支烟，花了半个小时。进门后他慵懒的靠在沙发上，厨房里的"黄脸婆"忙碌着，混合着孩子玩玩具的噪音。吃饭时他一边劝说不爱吃饭的孩子，一边听着老婆抱怨单位的尔虞我诈。晚饭后例行公事的刷碗，陪孩子玩……终于等到孩子睡着了，世界寂静了。他打开电视，遥控器转了一圈，电视节目千篇一律，家庭伦理剧无非就是夫妻关系、婆媳关系……，娱乐节目真人秀、明星的私生活，展示着娱乐至死的"美丽新世界"，谍战剧无间道，看了开头就猜到结尾，还有一些看不出主题和内容的节目，色彩和音乐华而不实……他于是躺在床上拿着手机翻看着新闻页面，反反复复就是那些：暴力、色情、隐私、八卦、整容、……挑战道德底线的事件，前些天还让他感兴趣的朋友圈和公众号已经索然无味了，朋友还是那些朋友，自拍的自拍、自恋的自恋、秀恩爱、秀孩子、晒吃喝、晒旅游景点，文艺青年愤青、"艺术家"……还在演绎着同样的自己。真是"太阳底下无新事"，有新事又能怎样，讨论的热度时间比不过发生事件的持续时间，像社会事件，议论着别人的悲惨境遇配着茶余饭后的瓜子。他静静地躺着，老婆不像10年前那么动人了，睡衣上还留有油烟的味道，烦躁的脸说着一天烦躁的事，他也好久没有兴致和她亲热了，两个人躺在一张床上，背对着背各自自然地躺着，像两个拼凑的积木。他想起3年前的文，如果当时决然的放弃婚姻和她在一起，会是怎样呢？是崭新的充满活力的生活，还是和现在一样，激情褪去

的平淡呢？……看着夜色，他感到无限的孤独，人终究抗拒不了荷尔
蒙的刺激、也抵制不了心灵的寂寞，人生就那么回事，他希望明天最
好不要那么快的到来。

——无聊的我

（一）无聊的工作
——重复和单调的工作扼杀了人们生命的激情

理性化的进程，特别是技术理性给人的主体性发展带来了巨大的负面
效应。这就是现代人面临的一个重大的文化困境。人类社会从传统的农业
文明到现代工业文明的转化，也是人与自然的分离和个体化的进程、社会
运行的理性进程。而这种以可计算、可量化为特征的理性进程把人们从繁
重劳动中解放出来的同时，也让人失去了主体地位，人的主体性被剥夺和
人在机械体系中的被抽象化了。这就是西方马克思主义者卢卡奇阐释的人
在机械体系中抽象化、原子化、数字化，以及主体的客体化，即人由生产
过程自由自觉的主体沦为消极的、被动的客体。"人的个体特性越来越被
消解，一方面，劳动过程越来越被分解为一些抽象合理的局部操作，以至
于工人同作为整体的产品的联系被切断，他的工作也被简化为一种机械性
重复的专门职能。"① 理性化进程中建立起来的机械化，专门化，劳动者在
这个机械体系中变为抽象的数字，失去主体性和能动性，其活动变成一个
专门的固定的机械重复。"随着劳动过程的越来越合理化和机械化，公认
的活动越来越失去自己的主动性，变成一种直观的态度，从而越来越多的
失去意志。面对不依赖意识的、不可能受人的活动影响而产生的、即作为
现代的系统而表现出来的一个机械—有规律的过程，直观态度也改变人对
世界的直接态度的各种基本范畴，这种态度把空间和时间看成是共同的东

---

① 卢卡奇：《历史与阶级意识》，杜章智、任立、燕宏远译，商务印书馆 1999 年版，
第 154 页。

西，把时间降到空间的水平上……"① 在这样的情况下，人由生产过程和社会历史运动中自由自觉的主体沦为被动的、消极的客体，人是机械体系中的一个零件，可任意替代的组成部分。劳动几乎被完全异化了，人在工作中没有创造的需求，"装配线的整套技巧、政府机关的日常事务以及买卖仪式，都已经与人的潜能无关。"② 人失去了创造力，人在各种体系化的链条中失去了生命应有的特质，像一个随时可以拼装的物件。意识越来越缺乏主动性，性格也变得越来越僵化。

人在自动化程度不断提升的同时，也陷入了重复的、单调的、枯燥的工作中。而这种重复、单调和心理的饱和就是无聊更加凸显的原因。在可计算、可量化为特征的技术理性中，人成了流水线上的机器，重复的工作，无法发挥主体人的主动性和创造性，人成了无灵魂的客体，人在这样的环境下产生的单调、饱和和无聊感的程度更深。人是自动流水线中的一个环节，每天就重复一种"音调"，一种形式。以至于整体性被打破。人们仿佛体验一种持续性的时间，在其中又感受不到时间。千篇一律的重复，没有超越，情感在空白的时间里消失殆尽。没有开始，没有结束，没有过去，也没有未来，只有当下的那一个时间段重复性的高速的工作。像是电影《摩登时代》中的卓别林在重复性的、快速的，细化在一个时间段的流水线中反复地、重复地做同样的事情。行政部门的工作同样也是如此，分工更加细化，每个人就从事单一的工作，没有整体上的视域，无法发挥自己的潜能，无法实现自己的价值，虽然对比工厂的工人他们的工作强度小，节奏慢，但仍然是重复性的工作。总之人们从事机械的、例行的活动，忍受着枯燥和压抑，并在工作之外通过无意义、无思想的娱乐消遣来平息这种压抑，但实际上得不到真正的释放，长此以往的反复循环，使

---

① 卢卡奇：《历史与阶级意识》，杜章智、任立、燕宏远译，商务印书馆1999年版，第156页。

② 马尔库塞：《爱欲与文明》，黄勇、薛民译，上海译文出版社1987年版，第72—73页。

他们更加的麻木，时间的结构被打破，人在这个单调的劳动领域中变得僵化和麻木，心理变得饱和，没有了惊喜，也没有了希望。人无须创造，就这样通过创造带给人本能的愉悦和快乐被压抑了。这种前后一致的单调形式就是现代文明的标志。对比早期的手工业时期，那时无聊就很少能够产生，人们手工作业，有时间的连续性，有工作的创造性，不单调，而如今智能化的不断加强，痛苦的无聊才更加凸显出来。

人是个矛盾的统一体，一方面人们害怕单调、害怕单一的形式，害怕冷漠，害怕每天、每小时或多或少做着同样苍白的事情。而另一方面，人们又保护着这种固定的状态，因为他们认为千篇一律生活会给他们带来安全感。人们每天吃着差不多同样的早餐、做着同样类型的工作，几十年如一日的去一个地方度假、听一种曲风的音乐、和同样的人聚会，在生命过程中没有太大的转变。当这种情境中的时间结构被还原成为一种简单的持续重复时，就会导致一种无序的情感，这种情感就是随着时间慢慢的推移，失去对事物的兴趣，产生一种单调感，最后就是无聊。没有新鲜的事情可以做，人们感受到的都是厌烦。人们不再被定位在时间的层面上，有开始，有结束，而是感觉到反复的重复。这种时间感被放置在时间的长河里，就像一个水中的油点，每天固定的工作模式、重复的工作环节，那么在时间的展开过程中劳动最终成了厌恶的客体。

同时机械化程度的提高，人与人之间的联系性逐渐下降，"生产过程被机械地分成各个部分，也切断了那些在生产是'有机'把劳动的各个个别主体结合成一个共同体的联系。生产的机械化把他们变成一些孤立的原子，他们不再直接一有机地通过他们的劳动成果属于一个整体；相反，他们的联系越来越仅仅由他们所结合进去的机械过程的抽象规律来中介。"[1]

---

[1]　卢卡奇：《历史与阶级意识》，杜章智、任立、燕宏远译，商务印书馆 1999 年版，第 157 页。

社会的各个部门都合理化、系统化、局部化，整个社会都是理性化的结构，形式上的局部规律。职能被拆开，不是一个统一体，每一部分各行其职。社会就是局部特殊规律的形式上的封闭系统。这种人与人之间的隔膜、孤离、冷漠、人与人之间统一和有机性的丧失，人与人之间情感交往的断裂，更增加了无聊感。

（二）无聊的学习
——"监狱般"的教育压抑了学生理解、思考和创造的能力

现代化的进程推进了无聊，自然科学强调客观事实。以实验、统计、优化、标志定位为基础，为了测试理论而提取诊断数据等。人本身的丰富性被抑制，一切都被单一化的量化还原，形成感性数据，以完全确定的、可量化、可测量的数据作为有效的认可。这种客观化的信念就是新现象学所批判的"素群"（Konstellation）主义 [1]，这也是技术理性批判的另一条有别于西方马克思主义者的批判路径。"Konstellaton"原意是星座、状态、系统排列的意思。这里指单个的因素（星体）组成一个群体、体系或者说"是单个因素的网络化"。[2] 素群结构是单一要素的组合，数据、细节的罗列。以自然主义—生理主义—还原主义为基础的素群主义弱化了人的本性，人的丰富性。素群就是固定的，静态的对象性分析。素群结构依据的是还原主义（Reduktionismus）。"还原主义"是对外部世界进行绝对的打磨，是将经验的世界通过量化、统计还原，这样人可以实现对外在世界的支配。而经验世界中的多样性内容或是被简单的忘却或是放入私人世界。在私人的内心世界里，所有经历的感受都被封闭，也就是说，人通过自然主义的还原，变成符号了，其自身呈现的多样性被泯灭了或是隐藏

---

① 参见 Michael Großeim/Steffen Kluck, *Phäomenologie und Kulturkritik, über die Grenzen der Quantifizierung*，Verlag Karl Alber Freiburg/München，2010。

② 参见 Hermann Schmitz, *Situationen und Konstellationen: Wider die Ideologie totaler Vernetzung*，Freiburg: Karl Alber，2005。

了，就像地图，只有定位、距离、尺度，没有风景，没有丰富的人文内容，等等。①

现在的学校对于人才培养就是以素群主义为主导，无论是从课时安排，还是教学学分设置等都失去了教育应有的原初性，依据分等级、模式化、和信誉点计算等对学校学习这样的一个整体以单一因素拆解，再组成一个大杂烩，也就是以学校的规章和条约任意重新组合。通过成绩分数系统精确的计算和分配学生的学习时间、在一个单一化组合的模块中思考、定义具体的学习目标、对测试成绩、发表文章成果等的调查、通过影响力因素计算研究成果（譬如通过发表文章的数目、级别、"被引用次数"，或以"文、项、奖、书"等指标来确定其科研能力）、专业的注册率和毕业数字等。所有的一切都被量化，形式的要求、可操作性。教育注重程式化，注重指标的测量，一切都被量化、测化。

同时在现代性的社会背景下，人被异化，一切以金钱为衡量的尺度。学生被灌输"考名校"、"出人头地"、"挣大钱"等思想，所以学习也成为了人达到目的的手段，是为了将来获得更大的财富和社会威望。学习被异化，琴棋书画都不再是贵族化的文明了，而是变成"自我增值"的筹码。在这样的思想指导下，学生学习不是为了获取知识，不是丰富自我，不是实现自我价值，而是为了将来以此获得更大的利益。所以学习缺乏主动性，缺乏应有的兴趣，学生学习死记硬背、机械记忆、题海战术。……学生变得麻木、感到学习无聊、失去了学生的天性，压抑了学生的创造性和灵性。在这样的教育下，理解、思考、讨论被沦落为架空的乌托邦，丧失了思考"人生"、"自由"、"解放"、"创造"的能力……这些作为人本身应该理解的、更有意义的、更有价值的东西。这一切让学生的无聊表现更为

---

① 参见 Hermann Schmitz, Der Leib, *der Raum und die Gefühle*, Bielefeld und Basel: Ed. Sirius, 2009.S.14。

突出。

　　这很类似于弗洛姆在《占有还是生存》中对人的生存方式论述的观点。他提出"重占有的生存方式"与"重生存的生存方式"的差异，重占有的生存方式的基本价值取向就是对现存的存在物（包括物质的、精神的存在和人本身）的占有，而不是基于人的生命活动的创造或自我创造。而重生存的生产方式的基本价值取向不是对已有的给定的东西的占有，而是人内在的创造力的发挥和本质力量的实现。弗洛姆认为，人的基本生存方式决定了他的全部思想、情感和行为。而在以科学技术不断发展和大众传媒不断丰富为背景的现代社会，占主导地位的却是重占有的生存方式。这就是异化结构在人的生存机构中的内化和深化，消解了人的主体性和创造性。

　　在这样的背景下，无聊如囚笼一般。学校虽然不是监狱，学生也不是囚犯，但无聊的教学，无聊的课程，无聊的扩展。学生厌恶读书，觉得学习无乐趣。学生得不到健康的思想引导，想要表现自身独特的能力和创造力、展现他的才能、他的天赋的愿望不是还来不及形成，就是刚刚萌芽就被压抑了；他们毫无反抗能力，麻木的被社会推动着。孩子本应具有的自我更新、饱满的热情、追求自由和爱、冲破桎梏、懂得奉献和分享，充分发展自身、积极参与活动、形成批判的思维，发展自己的创造力和超越性的想象力的天性被"监狱"般的教育消磨殆尽，成了和他们父辈一样的现代性的牺牲品。

　　（三）无聊的婚姻
　　——冷漠和厌倦就是对婚姻的背叛

　　钱钟书先生把婚姻比作围城，"里面的人想出去，外面的人想进来。"而在当今的社会中婚姻这座围城，要么越来越更加坚固，人们无聊痛苦的囚困其中；要么就是婚姻这座围城不堪一击，轻易坍塌。

　　无聊是婚姻的禁忌。有人说肉体出轨、精神出轨是对婚姻的背叛，在我看来冷漠和厌倦就已经是对婚姻的背叛了。在婚姻中只剩下责任支持，无聊不断地扩展弥散，以至于夫妻间冷漠、厌倦、不愉快、阴沉、无趣。这种持续的无聊意味着情感的连续性断裂，就像我前面写的《无聊的一天》里的男主人公的境域。在现代化进程中，一切都充满着无聊，过去"时间"慢，一生只够爱一个人，而现在"爱情"唾手可得，性不再是爱的升华，而变成了第一步骤的"检验"，人与人之间那么轻易的接近，没有情感的孕育、没有羞涩、没有甜蜜的期待、没有痛苦的相思……时间被无趣和无意义的填满。婚姻中激情削减，单调的节奏让生活变得枯燥无味，对伴侣不满和失望……夫妻被貌合神离的情感和对家庭孩子的理性责任之间的矛盾撕扯着，相互之间冷漠和厌倦，越是容忍着、支撑着，这种无聊感就越加剧。

那么是什么原因让无聊蔓延在婚姻之中呢？

在我看来，无聊是因为婚姻中爱的气氛逐渐的消失。（这里只阐释婚姻中夫妻之间的爱）爱是婚姻的前提，真正的爱情应该是源于两个互通的、能够互为融合的精神情感。当然这种精神情感会随着身体间的吸引和最后通达而逾越或者转变。但精神的蓄积是唯一能让爱情和婚姻保鲜的东西。

身心关系的研究是我一直以来比较感兴趣的课题。我把"身心关系"的研究放入"爱情婚姻"这个载体中去思考。我预先设置两者的分离。我假定"身"（身体）、"心"（精神）在两个极点上，且独立和自由。假设"身与心的相通性"这个观点毋庸置疑，同时身与心有相互趋向的意愿，身心合一于"身"、"心"之途的某个点上。在爱情上，我认为身心合一的途径是爱欲。这种爱欲是不局限于"性"的身体性的满足，而是分散到语言（理解）、目光、拥抱、亲吻、抚摸，致使性器官至高无上的削弱，才是真正意义上的身心合一的爱欲。

而现代性的异化阻碍了"身心交流"相互趋向的渠道，把身心合一的身体性的爱限制在"身体"一方面的单纯的性器官的满足，限制了升华的范围。这我们可以从性爱影片的发展史看出，从早期的情欲电影着重欲望的描述，到三级性爱的部分身体裸露，再到日本的 A 片单纯性器官的强化，或者叫生殖器至上的性欲。这种力比多的不断专注和"点"化，阻碍了其分散和自我超越。这就是异化的深层机制。这就是马尔库塞阐释的异化现象的普遍化和深化。现代性是一种无形的文化力量对人内在的控制，以至于人的主体性自我消解。科学技术虽然不断地进步，但文明对人的压抑没有消除，人的心理机制更加异化。压抑是以现代理性原则为核心的压抑性心理机制形成的原因，而这种压抑导致人的爱欲区不断缩小，爱欲变成单纯的性欲，并试图通过单纯的性欲满足而缓解压力。这使本应该泛性欲化的性本能只集中在生殖器性欲的满足之上了。这种局限于"性器官"的性欲其实是一种更深层次、更隐蔽的压抑。

这就是我所要表达的：真正的爱应该是身心合一的、贯穿于人身心的多种表现形式的爱的升华，是在心灵相容基础上的通过拥抱、亲吻、抚摸……的身体性爱欲。如果说狭义的性欲只是集中在"性器官"方面，那么身体性的爱欲虽然也是与性有关的，但不局限于"性器官"，而是身心合一的个体表现爱的欲望，是符合身心合一理念的一种身趋向心的爱欲。这种身体性的爱欲使力比多从"性器官"点上多维度、多层面的分散和扩展，形成了以趋向"心"极点为核心的爱欲。这就是身体性意义上的复活，即分散到语言、目光、拥抱、亲吻、抚摸而达到的身体性的满足，而不只是性器官的满足，即单纯的通过性交实现的满足，这才是真正意义上的身心合一的爱欲。这样现象学意义的身体才真正的呈现其意义，在这样的基础上爱才能一直持续。现象身体爱欲的复活，才能建立起理性与本能之间的关联，建立起身与心的关联。

当然我不是拒斥和否定纯粹的通过"性器官"为中心的爱的表达，但他确实在婚姻中不具有持久性。缺乏心灵的相通、缺乏精神层面的交流、而以单纯的"性"为起点的婚姻会在以"身"为重心的能力丧失或者人性本身偏爱"新鲜感"的特质面前不堪一击，那么婚姻就会陷入爱的气氛匮乏和无聊之中。

爱情是源于两个互通的，能够互为融合的精神情感，即精神是基础。而这种精神的共通性我认为首先是语言。语言的交流是爱欲达成的基础，相互交流和语言理解在婚姻爱欲氛围的营造中具有十分重要的地位。爱欲的实现如果抛开身体因素，达到趋向心的爱欲，语言的理解、语言的交往占据很重要的因素。爱欲在理性的基础上掺杂着浓重的感性因素，即以情感为基础。而在现实的婚姻情境中，很多夫妻间缺乏真正的语言或是身体语言（眼神、表情……）的交流，这样就无法构建客观情感气氛。没有共同感兴趣的话题，就无法达成两个人的"交互同一"——共鸣；没有诸如微笑，眼神这样的身体语言的交流，就会丧失无声的爱欲气氛——默契。相互懂得，婚姻中的彼此才能心怀慈悲一路前行。

当然每天无距离的接近、相互间的透明、缺乏神秘感也是婚姻无聊的一个根源。还有，人的个体化进程与婚姻关系的冲突也危机着婚姻。人越来越渴望自由，自由和婚姻的约束之间的矛盾永远无法弥合。

（四）无聊的世界
——无聊的黑色太阳在现代世界的地平线上升起

工业文明的理性文化精神成为现代人的精神支柱。它为现代世界的物质繁荣作出贡献的同时，也走向了自己的反面。满足人们的物质愿望，但没有给人的精神带来快乐和幸福，人们不能主宰自己的生活，反而被物质奴役，异化渗透到人的心理，人失去了应有的思想、情感和趣味。人们不知道时间如何有意义的度过，时间被抽空，生活方式变得虚空。人们越来越感觉生活在各种各样的无聊的情境中，无聊的学校、无聊的工作、无聊的婚姻……无聊的世界。

一切都在加速导致意义的爆开，当下把时间扩展到了过去和未来，为放弃当下自身。无聊就是此在的无意义，就这一点而言，无聊现象不是心理学层面的，而是更高尺度中社会文化现象。现代社会人们按照对体验、兴趣、新鲜事物的追寻来理解生命的意义。所以在时间中的空就是无聊，就是意义的空乏和自我确证的空乏。

社会和文化批评家弗洛姆把无聊看成是现代工业化时代的大众心理现象，因为大多数人从事的是对人有异化作用的工作，这些工作对他们的自我成长、自我实现、自我完善没有任何意义，只是谋生的手段。人们不仅变成了机械工作的附属物，也变成了纯粹的消费者，他们唯一的目标是拥有更多的东西，消费更多的东西。弗洛姆说，"这个社会制造了许多没用的东西，在相同程度上也制造了许多没用的人。人，已经不再是人了，而是变成了一个东西，成为生产机器上的一个齿轮。人们花费大量的时间做着自己不感兴趣的事，与他们不感兴趣的人在一起，生产着他们不感兴趣的东西；人们不生产时就消费。"这就是一种特别能生成烦闷和制造无聊的生存状态。

人们对现代社会无聊现象的凸显进行追问。是宗教信仰的远离？是机械化程度提高而造成的人们力量和时间闲置？是富裕的生活产生的饱和的厌倦？是对未来生活定位的缺乏？……对未来的定位或者说希望与无聊紧紧地联系在一起，人的情感在时间之内连续性形成，如果没有设定目标，病态般的漠不关心的无聊情感就会蔓延。只有有兴趣的事情可以做，才能暂时的克服表面的无聊。

总之，无聊从根本上影响着人们的心理和生理，并扩展着生理和心理给定的意义。无聊会产生两种状态：一种是麻木不仁，毫无目标的生活；另一种是忧郁孤独。不断扩展的无聊情感表明：当下的世界作为生命的无价值呈现，人们的时间无缝隙的被塞满，但同时又像个黑洞一样的虚空。无聊的黑色太阳在现代世界的地平线上升起。人们被无聊侵袭着，要么麻木，要么孤独。

无聊是对生活的厌倦，仿佛生存在一无所有之中，对生活缺乏反思，没有生活定位、没有对世界的期待和对自我的期待、时间上的意义匮乏、失去对未来的希望、没有目标，缺乏动力、与社会乱象混合在一起。人变得麻痹，人在生理死亡之前，心理的和社会的生命就早已经结束了。现代世界不断增长的无聊在心理上折磨着人们，令人无法忍受，成了一种病态，人们讨厌这个令人厌恶的无聊世界，讨厌这种与世界的距离。人们因此而沉溺于网络、手机，然而却陷入更深的无聊，寻找更大的刺激来克服无聊的情感。他们以为互联网、媒体、电视、电影、游戏、微信、朋友圈……占据了他们的时间，他们就不无聊了吗，事实仍然无聊，生活被无数的信息流切成了碎片，而且这些娱乐是肤浅的，都不是能够深层次激发内心感受的工业文化的产品，都是复制、重复、雷同、依据敏感度、刺激度的产品，所以很快就会消亡。肤浅的欲望需要刺激，而正因为是肤浅的所以很快就不满足，需要更加快速、多变、强烈的刺激，这样便形成了恶性循环。注意力难以持续，太多的事物，大脑不断寻找新奇的事物、手机在身边，恨不得每五秒翻看一下朋友圈，阅读、复习、听报告都难以集中精力。一切行为都让我们乏味，刺激一旦发现就不再新奇，很快厌倦。手机电脑占据了人们每天大部分的时间，娱乐信息、搞笑视频、王者荣耀……以此驱赶无聊，而不是用运动、绘画、劳作等需要运用人类神经系统不同部位的持续性的活动。人们深度思考的能力也被亲手创造的信息社会一步步的摧毁。长期的无聊感引发玩世不恭、麻木、暴饮暴食、赌博、逃学、酗酒、吸毒、反社会、暴力……人们为了驱逐无聊无目的地追求刺激和新奇，种种的消极手段反而增加了无聊，这些手段唯一能做的就是阻止他们变得清醒和有意识。就像渴了去喝冰镇可乐，当时表面看起来很快就解渴了，但实际上越喝越渴，因为可乐里的糖和盐的含量都比较高，虽然可以快速的补充碳水化合物，但不利于补水。而且人会慢慢的依赖可乐，可乐造成的身体的负面影响也越来越大了。

而无聊引发的第二种状态就是孤独和忧郁。无聊呈现出一种置于长的时间间隔的痛苦情境，这种情境可以比作囚笼。人们无法摆脱无聊的情境，在抵制无聊时，无聊变得更顽强和倔强。它坚持着并返回，更缓慢地把我们推向忧郁的门槛。无论是忧郁、懒惰、绝望……都是情境中无聊的表现。人与人之间的异化关系越来越轻易导致人的孤独，以前相互之间很紧密的关系已经不复存在了，理解的可能性受限制，人更大程度的自我放逐。无聊与孤独、抑郁一起成为现代文化的瘟疫。"孤独"可以说是一个联系性的损失，或者说也作为一个痛苦的标志。我们生活的这个时代就是一个孤独的时代。孤独总是跟无聊联系在一起，或者说孤独经常被看作与无聊相关，只要确切的无聊占了优势和不断的加强，就会陷入孤独。无聊和孤独就有模糊和混合性，通常是一个整体的意蕴扩散着。孤独是无聊的一个重要标志，因为无聊可以理解为在自由的时间里产生的持续性的时间空白和孤独。孤独包含肯定和否定的层面，"孤独的肯定阐释是一种非社会的含义，自愿的独自待着，像隐居。或者宗教意义的回归，为了追求真理，在孤独和自由中生活。"① 而孤独的否定层面："孤独与自己相关，是一个非常匮乏的领域，追求价值的生命方式。孤独与悲剧的激情相关。属于一种情感的装饰，不作为缺点现象，而是作为一个称颂。"② 所以对于无聊来说，必然是与孤独的否定情感层面相关。从卡西安我们知道，悲伤和愤怒首先是孤独，"陷入远离人群的绝境中，经常是痛苦的"。**Zimmermann** 证明："可怕的无聊和身—心的疾病作为孤独的宗教结果。"③

---

① Bellebaum, Alfred, *langeweile, ueberdruss und lebenssinn*, Westdt.Verlag GmbH, Opladen:1990, S.133-134.

② Bellebaum, Alfred, *langeweile, ueberdruss und lebenssinn*, Westdt.Verlag GmbH, Opladen:1990, S.134.

③ Bellebaum, Alfred, *langeweile, ueberdruss und lebenssinn*, Westdt.Verlag GmbH, Opladen:1990, S.135.

很多人在不工作的时间，譬如周末就感觉孤独，而漫长的无聊终于结束时，就特别的高兴。尽管充满痛苦的孤独体验伴随或者不伴随无聊很早就出现了，但在精神史的层面上对于孤独的观点还是一个显著的转折，长时间被宗教的形式渲染，孤独才有了世俗化的体验。宗教的孤独最终是痛苦的无聊的结果。大部分情况通过反抗抵制孤独中忧郁的扩散，反而让孤独越来越严重。孤独中宗教的忧郁通过孤独的想象力变得特别的残酷。社会中的生活经常是保持着一种肤浅、表面和枯燥，所以从社会中的无聊流溢出了孤独。不仅孤独和无聊相关，而且社交的体验也和无聊相关，人紧迫的需要社会，为了逃避无聊，喝酒、聚会、唱歌、恋爱……都是出于无聊。但人与人之间缺乏深层次的交流，只靠责任或者相互"慰藉"联系在一起。总之，无聊是个体的命运，也是人类社会的命运。理性主义给人的生存状况的压制和异化，无聊的表象在理性主义的桎梏中更加凸显出来，无聊是时间在等待中无限的延长，空白无意义，现实的填满。无聊是空白时间的负面情感和生命的厌倦，无聊是没有目标的设定，是处于抑郁的情绪中，滋长的病态般的漠不关心的情感。而这一切除了无聊的原初性，还有就是被社会文化环境所影响，现代性在理性进程的路上最终导致了人的无意义。

第四章　无聊与救赎

无聊的自我救赎就是对生活的审美。在这其中包括艺术的欣赏和诗意的生活。首先艺术作为一种文化的力量，具有救赎的功能。美的内在超越性与审美过程中伴随着升华的冲动，尤其在这个"无聊"表象更突出的时代，艺术有助于感性地重新唤醒和保持对意义的感觉。在艺术中我们体验人类的各种情感、体会优雅和崇高。艺术能使我们实现理性与感性的和谐与完满，达到灵与肉的完美统一，让内心的矛盾冲突得以平息，而得到恬然逸乐的安宁。

然而在我看来人生最高的价值和意义却更在于用审美的眼光看待生活：生活就是审美。生活从艺术中得到灵性，得到思想和感情的深度、得到灵魂的悸动和净化，然后把艺术美的崇高过度到生活之中，在生活中寻找美、发现美、理解美、感受美、创造美。通过审美在碎片化的生活中获得和谐的存在。在云端和大地间游走，将人生艺术化并赋予人生价值和意义，以及自我救赎的途径。同时以独立、自由、批判、爱的态度对待生活。积极主动地生存，展现自己的愿望、自己的才能、丰富的情感和天赋，自我更新、充满着热情，对自我认同和信任，克服贪欲，懂得爱、培养爱。同时学会奉献和分享，将精神生活融入人类所独有的社会文化中，把个人放入人类社会、人类命运的整体中，让个人的需求转化到为人类社会使命中去，奉献自我、超越自我。

一、充实的时间

时间没有轻饶我，我亦不轻饶时间。

无聊与时间联系在一起，无聊是时间的留白和无意义，人们无所事事，消磨时间，处于不安宁和空虚状态。在其中时间不再是客观意义的，而是时间意义的无限拉长或持存。无聊是一种与时间相关的情绪，可以被理解为在空白时间中的负面情绪。所以对无聊的考虑涉及对时间的体验、对时间的感受、时间中的经历、时间的情感，时间的意识、对时间的评价、对时间的心理定位等。我们从意识不到时间，到慢慢地感受到了时间的存在，时间的绵延、体验时间、理解时间、感受时间，并以时间的感觉、时间的视角阐释问题，观察体会相对时间的差异性、时间与人的感觉之间的关系，时间的负面特质，时间与人存在的意义之间的关系。我们来自时间，如何在生命中学习成为生命的艺术。我们不仅在时间里活着，而且在时间里塑造。我们就是生命的艺术家，是时间的拥有者。人作为时间的主体，在时间中塑造，利用时间、挥霍时间、丢失时间、赢得时间、使用时间、掌握时间。但如果没有很好地利用时间，人就会作为时间的牺牲品，被时间控制，时间成了主体，人成了时间的客体。总之，人应该拥有时间，因为人就是时间。

无聊是时间的显露，我们生命的要素被抽象的时间剥夺。所以克服无聊就要自由支配自己的时间，在其中自在、快乐、有兴趣、主动有所创造的生活，要艺术地、精神地享受其中。当人精神充盈，就不会觉得时间的空白，因为在时间里是自由的、惬意的、放松的、有收获的。学会安静的独处，回归本真，身心的放松，享受一个人的时光。锻炼这种独处的能力，给灵魂自我增长的空间，在其中面对本真的自我。

二、诗意的生活

所有的美好都是尽情享受当下，所有的愉快都掩藏在生活的琐碎小事中。

无聊是对存在意义的怀疑和否定、是内心的空虚和精神的贫瘠，所以要有充盈的生活，锻炼自己克服无聊的能力，学会在大地和云端自由的过度。一方面脚踩大地真实的生活，世俗生活简单不平淡，简约不单调；另一方面充实自我的精神世界，在闲散的时间里通过文学、音乐、绘画、摄影、诗歌……诗意地、自由地、富有创造性地生活。其实正是无聊才持续影响着生命的艺术：写作、阅读、旅行、园林、建筑、风光、自然科学。要有不断调节的态度，相信婚姻不是囚笼，工作不是束缚。就工作而言，要考虑无聊与兴趣的关系，真正的在时间中享受自己，只有兴趣才能有意义的填满时间。从工作中寻找兴趣，即在工作的范围内，工作的情景中对自我进行阐释，实现自己的能力。只有充满了兴趣，才能在一个活动行为或者在一个情境中表现出积极的特征，才能有意义地度过，才可以避免饱和。人在工作领域里要有个性和潜能的发挥。就婚姻而言，要充满爱欲。因为充满爱的情境不会让婚姻很快陷入无聊之中，理解和共鸣能让爱情保鲜，婚姻才能更有意义的维持。当然两个人在精神上不一定完全的重合才是完美的组合，两个人在精神上可以沿着不同的路径，要有各自的起伏，起伏的过程中有交错和缠绕，特殊时刻要有配合。也可以如"卡农"，沿着相同的路径，两端旋律在时间上逐次展开，就是两个人有共同的精神追求，一方走得更远一些，另一方在后面慢慢的沿着同样的路径追逐，这样的配合就会产生新的"听觉效果"，两个声部地位均衡，不单调不重叠，更显优雅。

在生活中以"艺术"的方式获得精神上的超脱。"艺术"在这里为广义，即包含"狭义的艺术"本身，在真正的超功利性的艺术中获得短暂的解脱，音乐绘画等让人们在其中"物我合一"陶醉并忘却自我，舍弃欲望，获得美的愉悦、恬静的快感，冷静和清平，以至达到心灵的净化和升华。同时艺术也包含着对生活本身的态度，它是一种生活方式。把生活本身作为审美对象，把精神生活融入人类所独有的社会文化中，无论工作还是消遣都充满了兴趣和爱，都把它们看作潜能的发挥。

总之，活出自己的味道，让生活充满渴望和好奇。正如叔本华在《生命的旅程》中所说的：所有的美好都是尽情享受当下，所有的愉快都掩藏在生活的琐碎小事中。

三、反思的生命

只有能在无聊中独处的人，才会体会到生命的意义。

对"无聊"的救赎在于对"空虚"的阐释和调解。无聊作为存在和无意义的基础，是一种人类存在的特征。无聊是一种存在中的"空"，是存在的目标或意义的匮乏，是主动性、积极性、创造性和变通性的缺失。人们被这种内心的空虚折磨，对自己感到无聊，成为一个自己所不是的自我。这个自我让人不堪忍受。无聊对于人的存在来说，是一种自身的空虚，这种空虚虽然可以通过表面忙碌的工作和愉悦的消遣充实和驱散，但却无法被彻底消除。无聊就像"苦难"一样，唯有追求生命的意义才能救赎。

法国作家马赛尔·普鲁斯特，他几乎一生都躺卧在病床上，与世隔绝，受着病痛之苦，但他却在这样极度的无聊中写出了七卷本的《追忆似水年华》，写尽了生命之壮丽和华彩。

要在无聊中反思沉默的生命疑惑和生命的厌倦。只有能在无聊中独处的人，才可以体会其中的意义。与纯粹力量（情绪气氛）的对峙中呈现出自己的意义。人的追求永无止境，一个愿望满足了，短暂的幸福驱逐了无聊，同时对意义的追求又滋长了时间的留白，如何再去填满，是追求的幸福目标与践行之间的关系。直面无聊，在无聊中独处的人，才能反思，才能体会生命的意义和快乐，这种快乐比肤浅的快乐更持久、更耐人寻味。肤浅的快乐来得快，走的也快，像酗酒、像嗑药、像纵欲……

无聊是对生命意义的否定，而同时无聊的空白与虚空又是最活泼的生命源泉，一切事物纷纭节奏都从它里面流淌出来。在无聊中人们才正视了时间，正视了时间的流逝和空白，体会时间，体会时间中人的存在，思考存在与时间的关系，追寻生命的意义，这也让无聊成为哲学问题。在无聊中才会写作、思考、旅行、审美、革新、发展，才会在"无聊"这种本真的情绪中消磨自我、摧毁自我、放弃自我、寻找自我、重建自我。正如马尔库塞所说的"无聊"引出了文化，也如布洛赫所说的"革新的原因在于忧伤和无聊"。人要创造自我，挑战自我，挖掘自我，在创作中消耗自己的能量，真诚的对待时间，把握时间，支配时间。

因为无聊才会意识到时间，意识到时间中的我们，以什么样的方式存在。如果追求幸福和安宁是人的目标，那么与生俱来的无聊就如一个气氛的场域，我们深陷其中，被其包裹着，幸福和安宁就是前方若隐若现的光亮，只有抵制无聊、逆风而行才能向前，才能逐渐接近光亮。这需要我们在生活中不断地践行和体会。体会工作、家庭、自我、生命的意义，自我存在的意义，也同时逐步形成了自己对幸福的理解，追求并接近自己的幸福。当然因为幸福和人的意义不是终极的，它随着每一次的抵达而转换，同时因为深层无聊的本真存在，无聊根本无法救赎，所以我们一直在救赎的路上：感受无聊——发现自身的空虚——思考人生——克服无聊——体会生命的意义——追求自己理解的幸福。

我们在一个安静的、无限的世界里有限的运动着，我们在具体时间中的生命要素被抽象的时间剥夺着。我们被如空气般的无形的无聊有形的包裹着。所以在无聊"空白"里唯有意义的填充。让我们在无聊的世界中"有聊"地活着。

参 考 文 献

1.Heidegger, M., *Die Grundbegriffe der Metaphysik:Wel Endlichkeit Einsamkeit*, Gesamtausgabe, 1992, Band29/30, Vittorio Kloster mann.

2.Bellebaum, Alfred, *Langeweile,Überdruss und Lebenssinn*,Westdt, Verlag GmbH,Opladen:1990.

3.Jürgen Große, *Philosophie der Langeweile*, Springer-Verlag GmbH Deutschland, 2008.

4.海德格尔:《形而上学的基本概念》,赵卫国译,商务印书馆 2017 年版。

5.海德格尔:《存在与时间》,陈嘉映、王庆节译,生活·读书·新知三联书店 1999 年版。

6.马丁·海德格尔:《路标》,孙周兴译,商务印书馆 2001 年版。

7.马丁·海德格尔:《已采》,孙周兴译,商务印书馆 2002 年版。

8.吕迪格尔·萨弗兰斯基:(《来自德国的大师——海德格尔和他的时代》),靳希平译,商务印书馆 2007 年版。

9.马丁·海德格尔:《演讲与论文集》,孙周兴译,生活·读书·新知三联书店 2011 年版。

10.克劳斯·黑尔德:《世界现象学》,倪梁康译,生活·读书·新知三联书店 2003 年版。

11. 蒙田：《蒙田随笔全集》，潘丽珍、王论跃、丁步洲等译，译林出版社 1996 年版。

12. 布莱兹·帕斯卡尔：《思想录》，何兆武译，商务印书馆 1986 年版。

13. 布莱兹·帕斯卡尔：《帕斯卡尔文选》，何怀宏译，读书·生活·新知三联书店 1991 年版。

14. 叔本华：《作为意志和表象的世界》，石冲白译，商务印书馆 1982 年版。

15. 克尔凯郭尔：《或此或彼》，四川人民出版社 1998 年版。

16. 克尔凯郭尔：《致死的疾病》，中国工人出版社 1997 年版。

17. 克尔凯郭尔：《恐惧与颤栗》，刘继译，陈维正校，贵州人民出版社 1994 年版。

18. 萨特：《存在主义是一种人道主义》，上海译文出版社 2005 年版。

19. 卢卡奇：《历史与阶级意识》，商务印书馆 2012 年版。

20. 霍克海默、阿多诺：《启蒙辩证法》，曹卫东译，上海人民出版社 2003 年版。

21. 马尔库塞：《单面人》，湖南人民出版社 1988 年版。

22. 马尔库塞：《爱欲与文明》，上海译文出版社 1987 年版。

23. 弗洛姆：《逃避自由》，北方文艺出版社 1987 年版。

24. 弗洛姆：《在幻想锁链的彼岸》，湖南人民出版社 1986 年版。

25. 弗洛姆：《占有还是生存》，读书·生活·新知三联书店 1988 年版。

26. 萨特：《存在与虚无》，读书·生活·新知三联书店 1987 年版。

27. 萨特：《存在主义是一种人道主义》，上海译文出版社 1988 年版。《萨特哲学论文集》，安徽文艺出版社 1998 年版。

下　篇

无聊的我

无聊的哲思
无聊的情诗
无聊的旅程
无聊的镜像
无聊的梦境
无聊的无聊

导 言

　　第二部分"无聊的我"就是我在生活中通过哲思、写作、摄影、旅游等自身的审美体验践行着无聊的救赎之路。就是我在超越维度"精神本己"的虚无中观照自我，返回自身，抵制"无聊"的方式。在我看来人生的真谛在于：在生活的琐碎、重复和平淡中，或者说"无聊的表象"中寻找美、发现美、理解美、感受美、创造美。生活世界就是美的起点和终点，我通过生活的审美，用笔、用镜头、用心灵记录。我热爱生活，观察生活，反思生活，我在读书、写作、摄影中获得了巨大的艺术快乐之感。我试图对审美慰藉的寻求渗透到生活的所有细节中，漫不经心的散步、习以为常的对白、简单的只是牛奶加面包的早餐，睡前的一杯红酒……都让我觉得充满了意义和价值。我为落日之美感动，我欣赏着每朵花的世界……生活就是我的审美场域，我尽可能地把无聊的痛苦消解在生活的审美中，我在里面自在地享受，我将有限的生命沉醉在美好的生活中，让灵魂得到恬然和安宁，在超然之中享受生命的全部激情。

　　我喜欢诗化的哲学，试图以诗意哲学的美学途径，即文学式的散文、诗歌方式展开，以求在结合中达到自然且深刻的传达。我热爱摄影，我通过摄影技术与自己的哲学理念（审美体验）的结合与熔融，创造属于自己风格的摄影作品。我漫游在自然和文化之中，精神对话大地

天空、花草树木、古老的传说……还有些内在的世界我只能在梦境之中
抵达。总之，我尽可能地依凭生命的各种感官、本能和情感诗化人生。

第一章　无聊的哲思

梦想

　　儿时有个梦想，这个梦想曾像一座灯塔照亮我前行的路。可不知从何时起它离我越来越远，越来越远，远到几乎看不见它，最后我竟遗忘了它。如今它突然出现在我面前，切近到可以触摸，我激动不已，却又惊慌失措。我问它："为什么普远离我？"它说："我从未远离，是你迷失了路，背对于我，如今你转身了，我就在这里，我还在这里。"

身心合一

　　不喜欢运动，但喜欢流汗的感觉。躺在汗蒸房里，温暖一层一层地从外到内渗透，直至到了"心"的边缘，才隐隐的感觉一股从心底里散发出来的寒流与之相遇，形成了一种"对峙"。

　　研究身体现象学已经几年了，我所有的"研究"都建构于"身心合一"的基础上，但我从未对"身心合一"这个"前提"做前提和界限的规定。

　　此时我突发奇想，为了研究它，我决定预先设置两者的分离。我假设"身"、"心"在两个极点上，且独立和自由。再假设"身与心的相通性"这个观点毋庸置疑，当然还相信，身与心有相互趋向的意愿。于是，我认为：身心是合一的，而且身心合一于"身"、"心"之途的某个点上，当然也包括两个"极点"。大体上，它们相对稳定，偶尔也会对抗。当处于"心"这个"极点"时情况大抵是，心坚定泰然，身极力地趋向"心"，甚至忽略自我，最后那一瞬间在"心"的巨大感召下，"身"化为乌有。而处于"身"这个"极点"时，则相反，"心"毫无招架之力……

现在问题出现了，离开极点"身"，向"心"趋向的"身"还是"身"本身吗？而离开极点"心"，向"身"趋向的"心"还是"心"本身吗？莫非我还要给它们建构一个新的概念？我讨厌概念，它们总是形成了我的思维，又束缚了我的思维……

论吃喝玩乐中的精神盛宴

自从开启了"思想"之门，我已不能如以前一般"纯粹"的吃喝玩乐了，精神的"负担"从未如影随形的这么明显。我像是挂着一个思想的"盐水袋"（吊瓶）时刻输液，让我片刻"不得安宁"，而我却在这种"不安宁"中感觉到了自我的存在。我一直在想，让思想在鲜活的生活世界，即在吃喝玩乐中寻求源头，这样思想才不会苍白和无奈。

"论吃喝玩乐中的精神盛宴"这个题目表面看来似乎"割裂"了身心，但正是这种"割裂"才是研究的特质或者说前身，因为身心问题的研究本身需要先"分"后"合"。就现象学展开，暂且不谈胡塞尔如何试图颠覆根深蒂固的主体形而上学传统，而就海德格尔确是使之成为可能了。按照海德格尔的思路，就我之前提出的"吊瓶输液"的比喻，我理解为一种"双向输液"，即身体与心灵（理性）相互输液状态即是"人之存在"的状态。（"盐水袋输液"这个比喻我其实并不满意，但我暂时又找不到更好的）。我把身心关系比喻成"输液"意在摒弃"优先性"问题，现象身体与感知、情绪、思维、灵感密切联系，时刻体验的身心合一的整体存在。这个整体（身—心，此处身心之间的连字符沿用海德格尔的使用理解，即为"过程"之意）客观存在，是生活体验（包括吃喝玩乐）的对象化的现实，是现象开启自身的场域，是向存在本身敞开的源头。当然在海德格尔那里，这种"输液"不止于自身的身心，而是更多的来自他人、世界的"输液管"，人为之敞开，因此人"拥有"世界，而不是与世界"疏离"。

人通过时间与存在共属，并通过自身敞开聆听存在的声音。这就是我要表达的"回归"的理解。即在这样一个整体性（身心合一）的基础上寻求生活的"回归"。这种"回归"即是领悟自我与"对象"的原初统一。（尽管在海德格尔那里不提倡对象，都是原初的关联）。正如海德格尔的"林中路"、"诗意的栖居"是如此寻求"回归"的情怀。回归自然、回归吃喝玩乐、回归本真自我。这是回归，亦是超越。我喜欢"回归"这个概念，它表达了"回"与"归"的动态思维，但此"回归"不是一个"返回"或者说"倒退"的践行，而是一个超越自身、寻求归属的、更高程度的完善和包容。

《狼图腾》观后感

最终还是一个人去看的《狼图腾》，电影无法呈现文字的细腻，这是一定的，但电影通过技术表现的大气恢宏的场面和背景音乐的气氛烘托也算符合"抒情压抑"和"想象力泯灭"的现代性趋势。

我不想就"政治"、"人与自然"、"人性恶"的观点展开，这一向是我回避的话题。单从男主人公与小狼的情感这一细微处抒发一下个人的浅见。

当男主人公掏出最后一只没有"献给"腾格里而幸存的小狼，留下眼泪那一幕，我是能够理解，而且为之感动着。而经历了驯养之后的"情感表达"，直至最后一幕放狼回归自然，对主人公流下的眼泪，我只有无奈的苦笑。他对从本质上就无法建立相通、相融情感的投入，完全不符合我的价值标准和选择。正所谓，对追逐自由，以不羁为尊严的一厢情愿的付出，最后必将一场空。而人性中偏偏闪烁着"善性"、"丰富性"、"挑战性"、"包容性"和"忍耐性",而且誓死都不惜为"奴仆"执着和捍卫于这种自以为崇高实则自私的"权威",而且越是艰难,这种心理情感表现得就越强烈,试图从中获得一种肯定的价值,正所谓,"我明知道他不可能爱我,我就要感化他",最后伤痕累累。也许这也是一种生存的"意义",但这种"意义"是在"相损"的境遇下建立的,是在一方压抑另一方,同时自我压抑;是以"他者"不被尊重,自己也被蔑视为代价的。

所以我认为,尊重他者的本性、天性才是意义深远的道德要求,我甚至认为,放弃自我的情感要求,以尊重为基础才是区别崇高和卑微的道德标准。

转向自我

常常在一个人的时候,面对着"转回自我"的问题,这与我当时的心灵处境有关。

人们总是自嘲人性的贪婪,譬如"追求烟火的绚烂夺目与渴望月光的温婉长明"就是"恰如其分"的表达。而在我看来并不尽然。正如爱情的绽放与平淡,它们固然相互抵触,但也更是相互吸引,而正是这种相互吸引,才使它们在"桥梁"间形成一种"驱动力",恰恰是这种"驱动力",使得"桥梁"两端的它们永远是魅力的存在。

贪婪

吃饱了的狮子在与羚羊散步
小猫悠悠的看着鱼缸里的"自由"
……
当资本的意义被理解
当学习也被异化

当琴棋书画不再是贵族化的文明，而变成"自我增值"的筹码
你以为你可以被称作"现代人"了
不，你还不是
你还应要求有支配别人的力量，
无论你以什么样的方式

不在意

最近都说我瘦了，不以为然，今天汗蒸时一称体重，竟然真的瘦了很多。反思了许久，也没找出原因，如果非要追究，似乎是我近期不在意体重这件事了。于是发现，这个"不在意"真是好，它能让你在不经意间获得你曾经在意的东西。我喜欢上了这个"不在意"。

哦，糟糕，当我开始在意"不在意"时，我已经失去了"不在意"。

纯粹

雪夜的天空泛着红色，除了一切，一切都是寂静的。心灵对心门说："是你阻挡我通向另一个柔软的地方"。心门冷笑道："我的存在才赋予你生命，没有我，你什么也不是。"

"你到底是什么？"

"我是所有社会关系建立起来的客观事实。"

"我终会冲破你与其他的心灵纯粹的照面。"

"呵！你在通往另一个心灵时，必将途经我和另一个心灵的心门，你必将被我沾染，你和我谈什么纯粹？"

……

雪夜的天空泛着红色，

除了一切，一切都是寂静的。

"艺术"

艺术本来是充满着欲望的想象力，以此宣泄内心情绪的表现形式。然而不知从何时起，这种富有创造力的方式借以"神秘"、"魅力"之名被世俗化，并通过某些诸如"做人"、"生活"的前缀加以阐释，让人在"做人的艺术"、"生活的艺术"……中体会"艺术的内涵"。

如此，做人被曲解为在是与非、可与否之间灰色地带游走的"巧妙"存在，在实实虚虚、进进退退中最大限度的"获得"。这种做人的艺术叫嚷着"至清无鱼，至察无徒"，把真、雅、淡理解为"难得糊涂"，纵容让人性的弱点淋漓尽致地发挥。

于我，又能如何？

怎样才能让我心里的这片土壤也转换成"艺术"的，以便我能在其中习惯的、快乐的、自如的成长？如果它是以不断地失血又不断地输血为代价，那我还是我吗？以"特修斯之船"的解释为参照，我应该还是我，只是"非我的我"。

形式

这个世界被形式的东西绑架着。

从来不穿高跟鞋，并不是因为自己的身高需要考虑传统中男女距离的比例问题，我已不在这个世俗中。当然我却有担心由于疏于练习而不能驾驭，我怕错误的脚姿或膝盖无法自然伸展导致身体前倾而失去美感。

在我看来，高跟鞋的魅力绝不仅在增高或时尚装饰，更在于它能呈现女性的体态和韵律。有些女人已经体会到了，在它之上小腿肌肉紧绷，腰身曼妙，如若再加上烈焰的口红，那女性形式的美便一览无余了。这不禁让我想起巴黎街头脚着高跟鞋的时尚女郎满眼被征服的欲望。当然这种形式绝不能配上一张嘴语言的压迫感、眼神的俯视、高高在上的伪自信，表现着温婉、谦逊的反义，那么也只剩下形式上的被欲望了。女性只有内心充满了谦和温柔，才能让描述魅力、大气、性感、文艺……的词汇丰满。裸露和直接定义的性感，以满足视觉的冲击刺激，在我看来是除了"复制"以外现代性最大的悲哀了。

我不穿高跟鞋，我的脚跟保持着与大地最近的距离，我无法用高跟鞋诠释女性形式的美。我只能努力酝酿一种力量试着冲破这种形式的框架。

折腾

生活就是无尽的折腾和再折腾。你可以用当下流行的词汇"奔跑吧"和"翻滚吧"来形容。这是因为我们被一种无形的力量推动着，然而这种无形的力量是源于内在还是外在呢，包含在其中的因素和驱动本身是什么呢？

既然在选择面前"人被判为自由"，既然走过之后无法重新回头，那么一切事前"机会成本"的衡量和一切事后"轻"与"重"的界定都会失去意义。于是我又回到"我们被一种无形的力量推动着"，"人生就是无尽的折腾和再折腾"。

破茧

每次参加婚礼我的心情都非常复杂，其实"复杂"这个词并不恰当，不能表达我内心的波澜，当然"波澜"这个词我也不想用。我有时常常在想：我们一直要回到前语言、前概念的原初体验，而为了描述这种体验，仍然需要一开始就和它处于异己状态的语言，那么如何有回归或者说超越呢？

"感觉"或者"情感"就其具有一个名称而言，陷入了意义和命名的纠结，就像陷入一个包裹着它们的蚕茧，"感觉"的真正意义就像蚕，被如同茧一样的概念包裹着，在茧中，"情感"臆想中的自然不停地蜕变成蛹……

选择

一直有个东西隐隐的横在那里，我已经很久没有吸进的氧气完全转化
成二氧化碳再呼出的感觉了。渐渐地它明晰了，随着时间的迫近。与其说
明晰了，还不如说无法再遮蔽了。终于到了决定：是应该把它撕碎了，轻
蔑地踩在脚下，还是如同晚饭后温婉地再吃一个 8 寸的提拉米苏，然后继
续纠缠在懊恼中。于前者一定是艰难和放弃，但即便仍然晦暗，那做撕碎
状的洒脱也必将是随心的。于后者当然就是现在一直所持续的麻木。

既然人生不断的面临选择，在不断地被给予题目之后，突然想着对于
这个题目我为什么要在这两个选项中思考决定，既然这题目是自我设定
的。我还可以设置 c 选项，譬如学着习惯吃完提拉米苏后的心安理得，或
者设置 d 选项……

所以今天我终于作出了决定，或者说作出了选择：我把这道题目
删了。

语言与思想

感性在时间空间里存在着，排除时间才能将永恒推向神圣。文字一旦
经过心灵的过滤，就与心一起跳动。"成长"、"习惯"、"懂得"、"毕竟"……
不过是无奈的转换。而只有没有语言的语言，没有行为的行为，没有思想
的思想，才能让一切烟消云散。

思想被困在语言里，却嚣张地玩弄着行为。如何没有思想，我还在思
想着"没有思想"；如何没有语言，我还在语言着"没有语言"。

是什么扼杀了我的欲望

望着衣橱里的衣服永远也找不到最满意的那件。即便那曾经是"最"，
也因为是"曾经"而只能是"曾经"了。不断地纳新而觉无新，甚至模糊

了"新"和"美"的界限。我以为我沦落到了如同皇帝频繁选妃，然后"宠"过以后或是索然无味，或是干脆打入冷宫的境地。其实我所不及，我连"选妃"的欲望都逐渐丧失了。

我怀念小时候一直抱着的洋娃娃，一抱就是几年。我给她梳头、洗澡、做衣服、倾诉……我对她投注的情感超过之后几十年所有的玩物。

我还怀念我不能马上得到某物时的期待，如同恋爱初期的悸动……

那时不懂"唯一"的内涵，却一直践行着唯一，如今懂了，可什么(谁)又能是谁的唯一呢，在广义的维度上。残留在心底的只有那份回忆的美好和当下匮乏的悲哀。

是什么扼杀了我的欲望……

酒

今晚我坐在北京后海的街头。

不喜欢喝酒和熬夜，让我少了些与酒吧的缘分。但我非常喜欢林忆莲的《夜太黑》，"酒精把一切都烧成灰"，"这城市隐约有种堕落的美"给酒赋予了很丰富的内涵。

记得尼采《悲剧的诞生》中的酒神狄奥尼索象征着情欲放纵，是痛苦与狂放交织着的癫狂，使人在沉醉中打破一切禁忌，忘掉自己的个体与世俗的追求，而回归。

其实我更喜欢把这种"回归"理解为一种追求"灵性之感"的原初回归。李白斗酒诗百篇，酒醉让他更容易进入了诗幻情境，正如余光中的"酒入豪肠，七分酿成了月光，还有三分啸成剑气，秀口一吐就是半个盛唐"，还有梵高迷恋能让人有着幽魅错觉的艾苦酒……酒醉后的回归更接近灵性之感，而灵感恰是艺术创作和突破的源泉，是生命最本质的东西。只是这种回归绝不是无意识的混沌，而是理性支撑之上的更高层次的灵性之感。

哎……我怎么不醉呢？

理想与现实

人们总是抱怨理想与现实的差距，却从来不去深思，那是因为理想总是与"永恒"、"完美"、"纯粹"、"真"联系在一起，而把诸如"永恒"、"完美"、"纯粹"、"真"置于与之相逆的连续性的时间里本身就是错误的。于是人们便一点一点地在时间中见证"不永恒"、"不完美"、"不纯粹"、"不真"，亦即梦想的破灭。

但即便如此，人们还是坚决不放弃建立梦想。就像人们相信那些唯美的却经不起现实推敲的诗句。就像我喜欢杜拉斯《情人》中的那句话："我认识你，永远记得你。那时候，你还很年轻，人人都说你美，现在，我是特意来告诉你，对我来说，我觉得现在的你比年轻的时候更美，那时你是年轻女人，与你那时的面貌相比，我更爱你现在备受摧残的面容。"

信念如何在现实冲撞得血迹斑斑后仍然坚定下来，其实需要一个不断重建的自欺欺人的精神。

失去

你以为长在身体里与生命共存亡的东西，有一天会站在你的对面，你客观地看着它，就像看别人在演绎故事。

于是你开始思考"什么是你不能失去的?"追问到最后会发现：连"你"自己本身都会失去，还有什么是不能失去的呢。只要是时间性的就是历史性的，只要是历史性的就终将成为历史。（此时我联想到了黑格尔说那句"凡是现实的都是合理的"时露出的诡异的微笑。）

可无论是否理解了"存在即是虚无"或是"存在终将逝去"都没能妨碍现实中的人们桎梏于在一定的时间段里暂时属于他们的"身体感受"（包括生理的和心理的）的意义。于是"一万年太久，只争朝夕"都成了"恰如其分"的追求了。可在社会性旋涡中，因人性的"恶"、"欲"让人总是输的一败涂地，捂着伤口的"顿悟"也不过是在疼痛的那一刹那，周而复始，最后还是一无所有。

耳旁回荡着宝宝瑞睡前朗读的《不一样的卡梅拉》的声音，凝望着好多天都没亮灯的书房，这个世界终究静不下来。

我喜欢这样一种读书的方式

我喜欢这样一种读书的方式。

不知道从何时起我喜欢从后往前读书，起初是从翻阅杂志开始，由于左右手协调的特殊习惯，我总是右手从左向右翻页。久而久之习惯养成并进而推延到小说和专著的阅读。其实对于杂志这种习惯无关紧要，因为杂志的内容前后并没有直接的连续性，并不影响整体的理解。但对于小说或者专著而言，这种从后往前的阅读方式，就会让结局或结论成为所谓"逆规律性"的先行"强加"。

但我却放弃改变这种习惯，因为对这种习惯产生了感情和依赖。于是就放任，让结局或结论成为开始。我也会为这种习惯辩护，一定要时间在先或者逻辑在先才有意义吗？是从原初敞开，还是从"终点"回归，意义有什么不同？意义本身是什么？由什么来确证呢？知道结局却猜不出开始或者在结论的基础上批判性地审视其推演和建构的过程，不也是一种意义吗？

我们总是在意"意义"，而且会把"意义"和"目的"联系在一起，而实际上"目的"只和"可能性"联系在一起，而通往现实的路上还有"偶然性"，没有"必然性"。

在我看来，"意义"只与"选择"联系在一起，你选择 A 或者选择 B，"意义"就在你选择之后的践行中自我呈现。而且"意义"无法比较，所以你选择 A 或者选择 B 根本没有差异。但至于你为什么选择 A 或者选择 B，我觉得与当下的情感相关（此"情感"是广义的），而这种"情感"与前理解相关，而前理解又关乎……算了，先悬置在这里吧。

总之我想说：世上本没有意义，有了选择才有了意义。我作出了选择，我才有了……意义……

哎……我从读书的方式跑了这么远，其实我还可以跑得更远，因为我看不到思想的海岸线。

贪婪的葬礼

昨夜我给"贪婪"举行了一场葬礼。这是我继"懒惰"那场葬礼后的又一庄重仪式。虽然最近我发现"懒惰"有死而复生之迹象，但为了表示我对仪式的严肃态度，我也只能对偶尔闪动的影子视而不见。

在埋葬"贪婪"之前，他请求与我作最后的交流。我点头同意了。他说，能看得见他并与他交流的人不多。他通常任意地肆虐，但人们意识不到他的存在，他说他虽然所向披靡，但也无比的孤独，腐蚀是他的职责，他也无从选择……

我无动于衷。

他于是又说，我离不开他，与其我像对待懒惰的复活视而不见的自欺欺人，不如接纳他。让我相信他，会给我更多……我轻蔑的看着他，告诉他，我看清他挑战人性，以此为战利品炫耀的本质。

他接着又说，他与欲望如影随形，除非我连同欲望一起埋葬，况且没有他我如何对照人性的美好，与他同在才有生命的张力……

我一下子盖上了棺盖，决绝镇静。但我分明听见了里面的笑声。

羞感

和一个 90 后的中国女孩提起想去汗蒸，她热情地给我推荐。我正琢磨着泳衣的事，她却突然说道：德国的汗蒸是"男女同蒸，无衣遮体"。（这件事我之前是有听过的，但由于不相信，很快就淡忘了）我惊愕之余，她竟然又说："到时候再叫上我们认识的那几个德国男生一起去……"，我一口气差点没上来，斩钉截铁地说："不认识的异性我不能'坦诚'相见，认识的异性朋友我更不能'坦诚'相见……"，她于是又和我分享她的汗蒸经历和内心的活动……我垂着眼睛默默地看着她，心想：我与90后的距离到底有多远？

我不禁又想起了德国著名的FKK（裸体浴场），说心里话真心的不能接受。我能理解人的身体是自然给予之美，人类在现代性的压抑下企图冲破"文明"的束缚回归原初。但我坚持认为：人之为人，穿衣遮羞，羞感是从属于人的本质特征，是人超越动物的精神意识。身体的羞感是高级生命爱的价值选择与指向愉悦的感官感觉本能冲动之间的对峙，而恰恰在这种对峙中蕴含着人神秘的美。而且羞感具有审美维度，承载着美的象征价值，它是一种美的承诺，通过对身体的掩饰，犹如深藏的宝藏，却散发出迷人的光芒。

妙

朋友在回复中提到"妙极了"，让我又再一次关注了"妙"。极喜欢这个字，却很少用这个字。她称微醺时"妙"的状态是："美好，微红的脸庞，迷离的眼神，真诚的语言和动情的话语……"让我浮想联翩。

我思考着，对于我，什么是"妙"呢？我深呼吸着泥土的气息；我沐浴着阳光的温暖；我微笑着任海风吹散我的头发……多么惬意和美好啊！然而我觉得这些仍都不是"妙"。那"妙"是什么呢？我以为我不知道，其实我在否定非"妙"的时候一直在脑海里勾勒着"妙"的花边。

我所理解的"妙"是：感觉到的美和极致（还是用一种被定义的语言去定义另一种语言……）。海德格尔说"语言是存在的家"，所以对于"妙"，我表示遗憾，我并没有在"妙"中存在过。不醉不透，不疯不痴，理性不足，感性尚浮。理性不足以支撑深沉，感性又不够丰盈，让一切显得"轻"

了。所以空想，只能空想，空的很彻底，虚的很无奈。

可如果我说我达不到这个"妙"，我是应该知道这个"妙"的边界在哪里的，而如我前面所说，如果"妙"是一种感受，我没有经历过我又如何界定这个"妙"呢？

而如果说"妙"有界限，又如何理解"妙不可言"呢？难道又回到了维特根斯坦的"不能说的，我保持缄默"。我凌乱了。

我只是恳求给我指引一条途径，让我的灵魂接近再接近"妙"，不！应该冲破"妙"，和"妙"一起延伸再延伸……

中国古诗，你到底有多美

最近播放的《中国诗词大会》给乏味的年增加了活力。选手们对古诗词的掌握和专家的阐释令人激情澎湃，连主持人董卿抑扬顿挫的深情朗诵，都让我突然觉得她那么知性、那么美。

想起我前几年发表过一篇文章《诗语言情境的新现象学意蕴》。我在其中引用了唐朝杜牧的《寄扬州韩绰判官》："青山隐隐水迢迢，秋尽江南草未凋。二十四桥明月夜，玉人何处教吹箫。"诗人将那种月上中天，晚风习习，吹箫的美人冰清玉洁，风情万种，依稀听到悦耳的箫声如泣如诉，散布于月光如水的南国秋夜的感觉凝聚为一种简洁完整的、无限丰富的情境。无限丰富的正是处于萌芽情境的混沌多样性的"意蕴"。这种混沌的多样性是不可量化的，但却可以由一个连结的、流畅的线条整体而简洁的统一起来。诗人通过事态、程序和问题及不可计量多样性的结构呈现出一种情境，这种情境空灵虚幻，美妙绝伦，即使是没有去过扬州的人们，读到此诗，也定然会在脑海中浮想联翩，那美丽的景致久久萦绕于脑际。这是只能意会不能言传的。一旦诗人说得太多，那么这种意蕴丰富的意境（情境）就会支离破碎。我们从这首诗中可以看出，诗中呈现的"意境"，超越于作品本身的物质形式（山、水、桥、夜、人），在主体的审美体验中生成了一种整体性的美感，诗人观照自然外物，被外在世界中的美触动心灵，有感而发，构成审美意象，从而写出蕴含着优美、深远、丰富情境的诗篇。这种整体呈现情境的感受不是客观外物的机械复制，而是经过诗人的高度选择、简化的审美"完形"。

贺铸的《青玉案》也能最好说明这种情况："一川烟草，满城风絮，梅子黄时雨。"烟草、风絮和黄梅时雨三个自然物组成一个整体，艺术地回答了"试问闲愁都几许"？在诗中，诗人不是将烟草、风絮和黄梅时雨三个自然物简单相加，而是意蕴关联形成了一个感人的艺术情境：闲愁像无边无际的如烟青草，似狂飞乱舞的满城飞絮，若凄清迷茫的黄梅时雨。

诗语言通过形象的生动性使人察觉到个体化的东西。这种生动性就在于将所描写的人物、情节和事件从所传达的情境中像浮雕一样凸显出来。

我最喜欢诗词中隐喻的表现手法，隐喻如一根火柴，诗人用它来点燃其话语中的情境，使它整体性地投射出光亮。我还喜欢诗的韵律，诗语言的声音韵律与节拍和押韵所达到的声音铺陈有关，也与动作有关。诗通过声音的连续性（押韵）明确地提供一种"运动暗示"，它一方面是被感知的对象，另一方面也能在自我的身体上被感知。之后与联觉特征一起成为身体入身的桥梁，即基于入身呈现出一种艺术气氛。韵律将诗与艺术衔接，获得一种特殊的意义。这就是为什么人们朗诵诗歌时很容易获得情绪上的感染。作为语义韵律. 李白的《望庐山瀑布》"飞流直下三千尺，疑是银河落九天"中，作者用这样的诗句形容瀑布从高处急冲直流而下，让人体会到了运动暗示，它赋予水的运动以形象，通过这种形象使人可以亲身感觉到水运动中生命力的暗示。这是一种身体性情感，兴奋、快乐都源于自身。我们在感觉上越深入地沉浸到我们的身体性中，我们体验境界就越突出。

我爱中国的诗词，中国诗词的美妙真的是无与伦比。古诗语言通过象征、隐喻和韵律等表现手法贴切地阐释情境，展示人类情感的脆弱和质朴。通过诗语言伴着内心丰富的情感，穿越时空与作者共在，同爱、同恨、同情，那一刻我深刻地体会着知识和情感的力量。

阅读理解

看着桌上厚厚的德文材料，我又陷入混沌之中。突然觉得走过的这些年，自从识字以来，我就不断地在做"阅读理解"，无论是念书时考试，还是闲暇时读些小说或杂文；无论是专业书籍，还是非专业书籍；无论是中文，还是后来学了外语，在英文和德文的字里行间攀爬，似乎都是在阅读中理解，在理解中阅读。

记得念书时，对于古诗或者现代文阅读，我的答案总是与"标准答案"存在差距。那时我就想："凭什么这段话就是这个意思啊？""凭什么我的理解就不对呢？""凭什么阅读要有标准答案呢？"随着成长，这些问题仍然困扰着我，即便我被传授："理解在于上下文语境。"我也会质疑："上下文不也只限于这篇文章吗，那这篇文章之上和这篇文章之下呢？"

我也被传授："理解文本在于理解作者所处的时代和历史背景，要'设身处地'。"我不敢说，心里愤然："我又不是他，我不在那段历史中，我不可能'设身处地'，没准他只是喝多了，语中虽意指江山，心中却所托他物……"

然而我毕竟逃脱不出"考试、升学"这条"中国特色"的成才路径，我开始揣摩着"标准答案"，慢慢地进入了这套框架里。不过，自从学会了在"框架"中思考，妈妈再也不用担心我的学习了。

后读伽达默尔，终于明晰。所谓的"标准答案"不过是摒除一切自己主观性进入文本，"忘我"投入，揭示文本所表达的"愿意"。然而文本的理解应是我与文本的对话，是文本信息与我内心原有的认知体系产生影响、碰撞、构建的再生过程。我对文本的理解打着我的烙印，是在我的视域里重建问题，是我对意义的创造过程。

　　现在的我再也不用考试了。我每天与文字对话，带着我的前理解，揭示文本向我敞开的意义。在我这里阅读理解没有标准答案，唯有我心中生成的感受。

我能做到"说不学习就不学习"

　　和一个在德国留学的中国女孩聊天，我问她论文进展的情况。她兴奋地告诉我，她最近为了克服学习期间被手机干扰，下载了一个软件叫"种树"，就是在规定时间内种树。譬如，设定一个小时，那么在这个小时里不能碰手机，否则"树"就"死"了。设定的时间越长，"树"越高大，设定的次数越多，"树"也越多。她激动地向我展示她手机里这些天茂密的"小森林"。然后便强烈地推荐给我，我一口回绝："我不用"。她惊奇的看着我说："昕桐老师，你真厉害，你能做到说学习就学习。"我笑着回答："我做不到，说学习就学习，但我能做到，说不学习就不学习……哈哈。"

　　其实我也不能自律，手机与我寸步不离，只是我是真的不能接受这样"用一种捆绑来制约另一种捆绑"的行为，就好像为了摆脱某个组织而进入另一个组织，终其还是被控制。

　　现代科学不断发展，我们的灵魂却被物化。手机给人们带来极大便利的同时，我们也成了手机的奴隶。正如霍克海默和阿多诺所讲的"启蒙走向了反面"。现代性本是作为启蒙的理想被追求的，而今却越来越远离启蒙的初衷。"康德在《答复这个问题：'什么是启蒙运动？'》一文中曾说："启蒙运动就是人类脱离自己所加之于自己的不成熟状态。""不成熟状态就是不经别人的引导，就对运用自己的理智无能为力。"那么说，启蒙就是要从"不成熟"的状态解放出来，"不成熟"就是运用理性的领域接受别人的权威。然而我们却在启蒙理性中陷入了技术的束缚，又回到了"不成熟"的状态，丧失了自我、丧失了自由。

康德说："自由就是自律。"所以只有自我管理才是自由意志的实现。只是如何继续坚持启蒙的文化价值，克服现代性的弊端，真正地做到自律，还是艰难的路程。人类还远未摆脱自己为自己设定的异化状态，人类自由解放的理想始终是人类永恒的追求，哲学也因此永远肩负着这一使命。

他和我待的时间太久了

他和我待的时间太久了。从我13岁那年开始，他就一直强硬对我指手画脚。我无奈地任其摆布着，我早已厌倦了他，有一天我歇斯底里地对他喊："离开我，没有你，我才是我。"

他却不屑地一笑，说："你本来是你，但你已经不可能没有我了。你只有在与我的纠缠中才能成为更好的你。紧紧握着我的手，让我们一起走向另一个你，那个你像你，也像我，不像你，也不像我，但一定是你喜欢的。"

唉，好吧因为我是"本我"，他是"自我"。

现实

迷雾散去之前，我看不清我。迷雾散去之后，露出"现实"轻蔑的笑容。"现实"就是这样一如既往地以"现实"的姿态出现，那蚀骨的无奈，也只能用心底里流淌出的水去直面。

……

你问现实到底是什么？哲学家们说：现实是意义的编织；现实是时间的当下；现实无处不在；现实就是自己本身。我们被现实包围，我们在现实中成长，而我们又不能完全占有现实，现实在我们对世界的理解背后，在语言之中。现实是主客的共同发生，是过程。现实是一种可能性，只有我们才能证明它的可能性。

三百六十五日，现实在自我呈现着。

冬日的阳光静静地沉默着，让冰雪锁住这份温暖吧，从此不念春暖花开。

连接思想的打印机

我感觉我每天多数时间都是在头脑中对文字进行排列组合，或是勾勒零散的线条。当然大部分的建构是毫无意义的，只是，仅留下的那一小部分也很难复制于现实。所以我一直幻想能拥有一台连接我思想的打印机。

她最好是彩色的，也是三维的，我把她设置成静音，她每分每秒随我跳跃，记录我一天的心路。晚上睡前我再打开她。看着我丰富的、随性的、奇怪的甚或疯狂的念头真切的成为文字或者构图，那感觉应该是非常奇妙的。也许可能，我还会在睡觉的时候连接她，这样我梦里的画卷就会在第二天早上呈现在我的眼前。也许这样的人生才是"完整"的。

只是我担心如果我知道我有一台连接我思想的打印机，我还会那么任意的思想吗？我思想的边界会缩小在哪里呢？我敢在思想外化的真实文字和图景面前面对自己吗？

卜卦

最近和一个在德国研究法哲学读博的女孩走得很近。这女孩博学多才，听说她还懂周易，便开玩笑的请她为我卜卦，她欣然同意了。

她让我在心里默念要预测的事情。我突然踟蹰了，问什么呢？人生那几件大事早已完成，我几乎能看到我未来 10 年甚至 20 年后的图景。但总是要拿出一个可以"验证"的事情，来满足我对这种"神秘"的好奇。我整理着思绪，过程中我发现我对未来还是充满了诸多的期待，我从中抽出一个短期内相对突出的问题，在心里画了问号。

她让我拿着 3 枚面值相等的硬币向空中投掷，于是我将意念传递给硬币，硬币就在我手松开的瞬间开始在空中跳舞，她们华丽的转身仿佛在与命运抗争，而落下的那一幕，便尘埃落定，再无挣扎的可能。就这样我投掷了6次。她根据我每次硬币落地的正反面，在纸上勾勾画画："二反一正、二反一正、三反……"看着她专注的表情，我突然想起十几岁时我就买了一本《周易》研究了好多天，也没看懂，最后我确信它与我已有的认知结构格格不入，于是束之高阁，快20年了，我现在还记得它长眠在我的书架的确切位置。

经过一番思考和查找，结果终于出来了。本卦为"小蓄挂"，动爻为"六四爻"。变卦是"乾卦第四爻"……解释如下：

易经小畜：亨。密云不雨，自我西郊。白话文的解释就是：占得小蓄卦，代表亨通。浓云从西郊吹过来，但是却没有看见下雨。刚健而逊顺，阳刚居中而志在上进，所以亨通。密云不雨，因为云向西漂去。自我西郊，是说德育教化尚未化作雨露而广为施行。君子应修好文明美德。[时候未到，君子必须再多加油]。（看到这我差点笑出声来）

变卦六四：有孚，血去。惕出，无咎。白话文解释：卦兆显示阳刚对下施展诚信，于是让下面的人解除忧恤和恐惧，这样就没有灾害。

乾卦第四爻，爻辞：九四：或跃在渊，无咎。本爻辞的意思是：龙或跃上天空，或停留在深渊，只要根据形势的需要而前进，就不会有错误。（哈哈，我又笑了）

看完上面的话我真是无语了。所谓的"预测未来"仍然是不可预测的未来，人生充满了变数，正反永远合体，想来老马的辩证法才真是放之四海而皆准的。所以我又何必卜卦呢。我只要努力丰盈自己的德行、能力和智慧；我只要坚持我自己心中慢慢形成的信条：积极、努力、珍惜、宽容、知足、乐观、感恩，遇到任何问题都从这几点寻求可以解脱的出口，我相信心总会慢慢放下来的。

也许这么多年是我误会了《易经》的本义，它本是传授做人处事的道理。修身养德，心无欲望，便不问吉凶。

提前闯进的胸

在法兰克福的这段时间我一直住在大学国际中心提供的公寓，每周都有人打扫，换床单被罩……对于我这样的懒人是极舒服的。最近我的房间换了一个年轻的女孩打扫。她第一次敲我房门时，眼神中带着一种说不出来的胆怯，似曾相识。只是我还来不及回味这种情感，她庞大的胸部已经阻挡了我的思绪。她的胸大的出奇，她人还在外面，胸已经提前闯入了，而且因为胸部的面积，我看不到她腰的具体位置了。她工作的时候胸前的那两个"水球"一直在大幅度的波动，这样的负荷让她呼吸有些沉重，她下楼时也一直扶着墙，也许是担心摔倒。

我不是故意拿这么多的笔墨描述她的胸部，真的，如果说陌生人之间的距离应该保持一米，因为她的胸部，我不得不退后半步，以免压抑和窒息。而且她总让我联想到造物主"造物"时的情形：明明已经勾勒好了一个完美的人形，偏偏抽上一支烟，思索过后，在某些部位上面抹去几笔，再在其他部位上添上几笔。他的用意我不敢揣摩，我不想他在我的耳边哈哈大笑。我只觉得漫画家们也许和他有些串联，漫画中描绘出"夸张"时，造物主会出现捉摸不透的表情。譬如给某人不适称的鼻子或嘴巴，譬如给某人不成比例的腿和脚，譬如明明已经规定了当下审美的标准是瓜子脸或鹅蛋脸，偏偏倔强地拿着圆规仔细地绘制我的脸。

当然添加、删减的也不只局限于身体，还包括人的性格、情感、精神、思维……

我只是想，造物主对每个人都进行添加和删减，而每个人又以添加和删减完的基础为起点，经历他们各自不同的人生。所有"夸张"的优势或是劣势，也许是让人们更深刻地体会"矛盾"的内涵。

我找不到我

法兰克福大学哲学系图书馆不是所有的书都可以外借，有些书必须在馆内阅读。为了防止图书丢失，它封闭在一个相对独立的 6 层小楼里（每层大约只有一二百平米），每层楼的格局几乎完全相同。因为我的随意性，不固定的学习位置，又因为洗手间不是每层都有，我常常上过洗手间回来就找不到我刚刚学习的位置了。

我在每个相似的空间里来回寻找，总有种多维空间穿梭而又迷失的感觉：我记得是这里啊，可我的东西呢？难道我在刚才的时间内不在这个空间里？可这个空间是我记忆里刚刚过去的唯一发生的空间。我仿佛看得见我刚才在这里读书的背影，那件红色的皮夹克披着，电脑上的被咬了一口的苹果亮着，手机就放在鼠标的旁边，还有那本打开的"记事本"和上面只有我认得的字……

那我在哪里呢？我在"同一"个的空间里不能重合，那是刚在的"我"不是我，还是现在的"我"不是我呢？

520：在生命中与你同行

最近在和一个德国退休的女老师的通信中，接触到了一个德语单词"Lebensgefährte"。她说，她和她的 Lebensgefährte 住在法兰克福周边的一个小镇……

"Lebensgefährte"是由两个单词"Leben"和"Gefährte"组成，"Leben"是"生活"、"生命"的意思，而"Gefährte"又是由动词"fahren"（行驶、乘坐）而来，"Gefährte"是动词的名词化，所以翻译成"同伴"，即与某人同行（mit einem zusammen fährt）。所以"Lebensgefährte"我理解是在生活中，在生命中与某人同行的意思，中文翻译成"生活伴侣"。

这个词意味深长，让我反复思量。"生命"和"生活"在德语中是一个词"Leben"。看来，在德语世界的理解中，"生活"就是"生命"，即生活是活生生的人的生命，而生命就是在生活中活着。

"Lebensgefährte"：在生活中与某人同行，这是一个多么美好的概念。（我特别喜欢研究概念，研究别人是如何界定这个概念，也又喜欢自己赋予其意义，在我看来：概念就是自我世界，而理解就是活着的意义。）

"Lebensgefährte"：在生活中与某人同行、生活伴侣。在我看来这个词超越了"婚姻"概念设定的范围。在德语中"丈夫"是"Ehemann"。"Ehe"是"婚姻"的意思，"mann"是"男人"，所以"Ehemann"被界定为"婚姻中的男人"，"妻子"是"Ehefrau"，即婚姻中的女人。所以可以说，在德语世界中对"丈夫"和"妻子"的概念设定在词汇中就呈现了框架的意义，即"在婚姻中"的。而"Lebensgefährte"是在比"婚姻"更广义的，包含婚姻在内的"生活中"、"生命中"建立起来的亲密关系的伴侣。这种亲密关系不缔结和约，即不在类似于"婚姻"这种法律约束下，而是在一个无法律约束的生活和生命中坚实的以爱为基础的感情联系，它是情感的依恋和身体的亲密，是扶持、是帮助，是温暖和体贴的拥护，是相互深刻的理解和真诚持久的关注，是对对方取得成就的自豪，是为共同协作实现目标感到发自内心的喜悦，是一种对生活的安全感。

生命的意义也许就在于一种同行、一种自律，而不是任何缔结了的他律。

今天是520，被意指为："我爱你"。在这个宣扬爱的日子里，让我们把爱理解成一种更广义的关系，理解成在生活中、在生命中与某人牵手同行（Lebensgefährte），一种爱的归属。把婚姻也不理解成被约束的责任和负担，而是在生命中的同行，在其中自律的自由。

我在 1961

德国朋友买了一辆老爷车，我努力想要抓住那个时代的特质，并和谐地融入其中，但即便作了后期处理，画面仍然有很强烈的冲突感。

每个人都带着鲜明的历史性意蕴，而由人塑造的时代体现着这一时代的人特有的精神气质。这让时代间的穿越产生了强烈的冲突感，我们似乎只能作为观察者，视其为观察对象，融入其中绝无可能。

但我却非常喜欢"穿越"和"碰撞"。我喜欢看黑白电影，我喜欢与时空交错的人"交流"，我喜欢听他们讲他们年轻时的故事。我觉得，看似时代冲突的"不和谐"感却可以在双向渗透、多维生成中产生"和谐"的美。虽然我们有各自时代的生命历程、生活感悟和思想情感，然而正是因为所有不同质的"矛盾"和"不和谐"，才是我们观察和研究对方最有力的切入口。这样我便可以从对方的经历体验中获得某种思想，并将其融入自我。

如穿梭在不同轨道的原子，一刹那的偶然碰撞，流溢出多彩的生命现象。

这世界充满了误解，才觉得理解难能可贵

有一段时间我很喜欢通过一个人的语言和行为来揣摩他（她）的内心思想，我觉得是一件很有意思的事情。但我最终发现，人的思想通过语言和行为的连贯性和一致性为依据通常是以失败告终的。因为语言和思想的关系、行为和思想的关系、语言和行为的关系错综复杂。如果说人的语言

和行为是其思想的外化，那么由于人内心矛盾多变，且思想与语言和行为有其时间的先后性和不同质性，就会出现思想与语言的不一致，即"心口不一"或思想与行为的不一致，即"心行不一"。当然"心口不一"和"心行不一"不是在通常意义上的理解。这里我本身就排除语言和行为对思想的过度修饰，或者故意而为之的虚伪情况，而是在客观的立场上讨论这个问题。

首先，就思想本身的多变性和复杂性来说，就会让外化的语言和行为出现无法及时跟进的"不一致性"。人本性中具有一种多变性，闪烁不定的思想就会影响其语言和行为，那么思想与语言、思想与行为，语言和行为之间就会矛盾重重，呈现出行为、语言的不连贯性和不一致性。那么人的思想为什么具有多变性呢？因为人不知道自己要什么，如萨特而言"存在先于本质"。人在生存的过程中对自己、对生命的意义永远处于一种不断探索的状态，所以在探索的途中是矛盾和模糊的，思想是变幻莫测的。还有，我们的思想受环境、经历的事物的影响，甚至一件细微的小事便牵动每一根心弦。我们的身体里藏了无数个我，他们伴随着我们，相互焦灼着，它们是善、是恶、是积极、是懒惰、是谦逊、是傲慢、是高尚、是放纵、是快乐、是忧愁、是真诚、是虚伪……正如蒙田："我们跟自己不同，不亚于跟其他人不同。"这所有的一切使我们的情绪思想游离不定。同时有些时候我们不可能在第一时间自由的、绝对的对发生的事物作出明确的判断，这让思想在当下更加具有了不确定性。所以表现出来的语言和行为也具有了不确定性。

当然如果某个人受外界环境影响很少，他自己内心对生活意义的追求相对来说比较恒定，那么他反映出来的语言和行为也比较恒定，看起来就比较真诚。但我们不能说某个人呈现出不一致性，就断定其虚伪。我们要学习的是有能力在一定时间内确定自我。

人是个整体，但无论思想、语言还是行为绝不会具有连贯的一致性。人是碎片的组合，是思想碎片的组合、是语言碎片的组合、是行为碎片的组合，只不过交织在一起以生活的意义和目的为牵引而成为意蕴的整体。而在这个整体中唯一不变的就是"变化"本身。所以我们在不断变化的思想中任意的截取片断，并通过其语言和行为的外化是无法真正确定和把握一个人的。

其次，还有一个非常复杂的问题就是，思想外化出来的行为、语言和被理解之间的关系。即就"理解"而言，思想外化出来的语言和行为是否能被"同一理解"的问题。因为我们说出某句话，作出某个行为，在被理解的层面上会出现多层次、多维度，甚至会出现相反的现象。譬如你说出某句话要表达善意，但被理解成恶意；譬如你在"友情"的范围内表现出关心，而被理解成"爱情"，等等，这就是我们通常所说的"误解"。

为什么会出现"误解"呢？因为理解本身具有的复杂性，它包含着一种直观的感受力，而这种直观的感受力渗透着理解者的倾向、情感、观念、禀赋。这就是"前理解"。"前理解"是每个人因为文化、背景、环境、传统、之前的经历等而不断地沉淀在心里的观念，这种前理解就是你在对新的事物或人的理解中已经事先烙在你思想中的一种理解方式（当然这个理解方式也在随着不断地经历沉淀而变化）。在理解之前奠基着理解者的前理解，这种前理解在面对对方的语言和行为时已经悄然无声的浮现在眼前了，于是依据这个前理解对对方思想进行重构。所以某个人表现出来的语言和行为会被不同的理解者不同的界定。即前理解不同，让理解本身不具有普遍性。

这世界充满了误解，才觉得理解难能可贵。

人是矛盾和变化莫测的集合，自己本身的不恒定性，对方的不恒定性，以及由于前理解的不同等，使误解成为了一种普遍的状态。所以珍惜相互理解的人，在语言和行为的共鸣中进入无须语言和行为便可理解的最高境界，而对不理解的人我们也不憎恨、不抱怨、不强求。同时努力控制自己思想变化的半径，让自己的思想和外化出来的语言和行为保持相对的一致性，以及尽力追求相对稳定的向善美德。

我把我完全交给它，但它就是我自己

新认识的德国朋友信仰基督教，最近见面时她偶尔会和我谈一些这方面的事情，但我表现出的兴趣并不大。

其实我在很小的时候就接触了宗教，只是那时的处境和心态是"怀疑的"，因为民族的原因，家里的人都"信仰"伊斯兰教，我记得奶奶家的墙上挂着一幅画，一个长长睫毛的漂亮男孩跪着祈祷着，旁边写着"只要真主保佑你，就没有什么战胜不了的"，我第一眼看见就在心里偷偷的笑了，那时我还很小。

我小时候还去过很多寺庙，那时候住在吉林北山的脚下，山上有很多寺庙。出于好奇，我经常在里面玩，但总有僧人指责我不懂规矩，譬如进门先迈哪只脚，如何敬香，等等。我当时就想：神怎么会计较这样的小事呢？后来读了马克思的对象化，才理解宗教不过是人的异化……在德国留学那几年，去了欧洲好多教堂，恢宏震撼，怀揣敬畏之心。只是读了圣经也未被其感染，心里充满了质疑。因为这些都与我已经形成的观念相抵触。我相信善恶有报，我相信真诚善良，我相信良知，我相信良知的惩罚远远超过肉体惩罚的痛苦……我相信我自己，但我觉得这些不是来自宗教，而是来自我看过的书给我的启迪。

但有几年我心情非常不好，无处排遣，心里已建构的东西无法支撑突如其来的事情。于是我总去一个叫"万德寺"的地方，那是个尼姑庵。我在佛前倾诉流泪。我和一个叫"仁愿"的师父聊得非常好，她和我差不多大，她10岁那年，她的母亲带着她和她妹妹一起入了佛门。我们经常在清静的佛院里谈经，这让我的心非常的放松。只是我觉得，有些时候有些理解并非她真心的感悟，而是被外在的灌输，尤其谈到俗人杀生这一部分，听起来并不舒服，她说：你吃的肉也许就是上辈子的亲人……不过慢慢我也开始试着接受，但并不是因为她讲得原因，而是觉得吃素有什么难的……于是那一次下山之前，我暗暗许下承诺，然而下山后两个小时，中午的斋饭就消化殆尽，之后涮羊肉、清蒸鱼、干炸丸子……就在我的脑子里滚动播出。

但那段在寺院的时光让我对宗教有了一种特殊的理解和追问。我为什么对所谓超越人的"神"有了依赖？这种依赖是对自己的否定吗？如果是对自己的否定，我为什么会在否定自我的时候感受到的是一种解脱呢？我和它到底是一种什么关系？为什么宗教信仰与人内心的敬畏相关？为什么我常常觉得是在和它对话呢，在它面前我看得见自己的心，而且最终我会把我自己推向我更喜欢的自己。这一切都源于我，还是它的旨意呢？

其实说来惭愧，到现在我也没有系统地研究过宗教，只是慢慢地形成一种理解：在佛、真主、上帝……之外还有主宰，主宰之外还有灵性，而灵性与人的内心相关。外在于我，也内在于我。万物平等，循环使然。我把我完全交给它，但它就是我自己。

刻铭

朋友回国，寄了十几个箱子回去。这让我想起若干年前在德国的时候，身边有位同学也把几年学习下来的所有书籍、复印材料、笔记……全部收藏打包邮寄回国。我当时问她："回去还有用吗？你还会看吗？"她说："不会，但它们是我这几年的心血和回忆。"

我常常也为是否丢弃使用过的东西而为难。每一件都有经历过的痕迹，它们虽然是死的，却承载着鲜活的生命所蕴含的丰富情感的人生。

其实又何止"物"呢？连"语言"都是如此，说过的话，写过的字。我看两年前写过的文字，都会心跳、感动，并惊叹自己当时饱满的情感。而且有些时候人就是靠回忆来不断地确证自己和自己的感情。

所以所谓"刻骨铭心"，首先在于"刻"和"铭"。只是即便有过"刻

"骨铭心"，也得提防"时间"的风化。

界限

喜欢赖床和睡觉。但每次睡眠只要超出一个无形的界限，就不但没有得到真正的休息，还会噩梦连连，在梦中我永远都是焦虑、恐惧、尴尬……

我如何才能找到那个界限，并在临界的时候就自然的醒来呢？

其实这又遇到了我曾经提过的那个老问题：我只要提到"界限"，我就应该体验过，并经历过"界限"，那我就应该知道"界限"在哪里。

只是这一切只有在清醒后才能作出了判断……

有谁懂得与她真正的交流

在我所住公寓的对面就是法兰克福著名的植物园林 Palmengarten（棕榈园）。我时常在这里散步、摄影、消磨寂寞。

这里种植了各种各样的植物，我只能称之为"植物"，对于五谷都不分的我，如何知晓那数以万种的植物名称，所以感谢有"类"的统称"植物"，否则都不知道如何表达自己看到的事物。

我时常坐在公园的长椅上静静看着各种各样的植物，然后发呆，我想每种植物似乎应该和人一样有特殊的品质和情感，骄傲、倔强、脆弱、顽强……。然而有谁真正懂得和植物交流并真心的与之交往呢？

人们大多是有目的性的研究她们，并将其"精华"为人类自己所用。而且自从人类意识到自己可以运用自己的理性去支配自然时，就露出了轻佻的嘴脸，并变本加厉地肆意地掠夺。

我们吃她们的果实，用她们的根茎制药，我们关注她们的花期，用她们的美丽装点我们的生活，我们依借她们写诗、作画、摄影……来滋养和抚慰人类自己的情感，满足人类自己的精神虚荣。然而等她们败落时，人们却充满了厌恶。即便没有这种情绪，人们还是用其隐喻人类自己的生命，感怀身世。

开了、谢了，绿了、黄了，长了、落了……她们就是这样默默无闻地为人类的贪婪奉献着。我们吃她、用她、借助她，她们心甘情愿地作人类"主词"的"宾语"。我想是否有一天她们翻身把人类置于她们的"宾词"时，就是人类灭亡的时候呢。

对于她们，我们惯用"征服"来表现人类理性的至高无上。马克思说：自然是人无机的身体。这不禁让我想到人类对待植物的自私和贪婪，断手断脚之痛尚可挽回，不要等到有一天恶性的癌变，再去化疗，那便是垂死的挣扎了。

不过我觉得，人类是可以克服自私和贪婪的，那就是当我们失去欲望的时候，而失去欲望的时候，大抵是我们已经年老体衰，接近死亡的时候了。

人不醉酒但可自醉

前些天法国朋友过来玩时，对我说："我发现你们德国很有意思，随处可见拿着酒瓶喝酒的人。"我耸耸肩膀不以为然，"ja，这就是德国"。

曾经一段时间，酒给我负面上的信息太大，以至于我对酒有种深恶痛绝的体会，我视其为洪水猛兽，并产生了强烈的排斥感。

当然之前我也写过一些关于酒的文章，但没有体验式的言辞。然而没有身体力行，便作出的判断，必然也不应该是哲学研究者所具有的品质，只是对于醉酒的体验，我有些恐惧。

我也曾试想过做一种循序渐进的尝试，再记录每一阶段自己的状态，并寻找最佳的境界，我觉得这样应该是很有趣的事情。

什么样的境界是最好的呢？在我看来，应该是有理性的控制，又能让感性冉冉的挑起，我觉得这个感觉应该是最佳的境界。而如果超出这个界限……

我曾面对过其他人酒后，失去理智的反常状态，或哭、或笑、或闹……让我惊讶。酒后内心深处翻江倒海的，浮上来，压也压不住的情绪淋漓尽致地展现。有些人酒后不堪，内心秘密泄露无遗，之后又后悔，就显得没那么"潇洒"了。有一次坐出租车，听出租车司机讲遇到过少女喝多的不雅状态……只觉得美丽的身体不应该在这样的状态下展露……。

有些人讲喝酒是一种回归天性的途径。自从人类知道自己深处现代性的悲哀，就叫嚷着要回归天性，重返天堂。可是你再回归天性，你也不能裸露着在大街上奔跑并任意媾和。

提到裸露，我突然想起曾经看过的一个德国电视节目，一个地方"崇尚自然，回归天性"，所有的人都一丝不挂的生活，但还享受现代社会的一切，只是身体先解放了而已。一男子开车出去买东西，下车时裸露的生殖器与敞篷跑车的画面极不和谐。我心想：不穿衣服，一会儿看你找回来的零钱往哪里放。嘿嘿！

其实我觉得真正的回归不是形式上的身体解放或者回归大自然，而是在现代社会中，心的放松和自由，找到心可以舒缓徜徉的方式，如果喝一点酒可以接近"灵性"的回归，未尝不可。

我喜欢喝酒后不走样的人，有感性跳跃，回归的快感，又能在理性范围内的控制。

控制是一种美德，也是文明的标志。做到人不醉酒，但可自醉，岂不美哉。

你有多久没见过我了？

科学技术不断向前发展，我们早已穿越空间实现了视觉的零距离、听觉的零距离。道过网络我们想听到谁的声音就能立刻听到、想看到谁的样子就能立刻看到。

有一天也许我们还会实现触觉零距离、嗅觉零距离、味觉零距离，所有的感觉都跨越空间的通达，那时候，我们相隔千山万水就可以触摸到对方、感受到对方……

但真到了那时候，世界还有什么意思？

人类再也不会知道，"思念"是一件多么美的事情，记忆在思想中百转千回，柔肠寸断。

人类再也不理解"想象"的意义，情境的编织，甜蜜的期待。

人类再也体会不到积压已久的情感在一瞬间爆发后的感动和快乐。

……

那时候，快乐也不是透彻的快乐，悲伤也不是深沉的悲伤。

因为，一切触手可及。

人类再也不会为情感而沉淀，这世界也再不会拥有情感的创作，艺术、文学、音乐……索然无味，无诗无画。

人类特有的丰富性将不断地被抹煞。到时候，人类就是一群机器，每个人坐在那里手里还拿着一个机器，只不过，不知道是我们在玩它们，还是它们在玩我们。

我也谈幸福：幸福是内心不断的向善

"幸福"这个题目太大，古今中外多少哲人谈论幸福，它被不同的定义。幸福这个题目又很小，小的就是心里某一瞬间的感受，也许就是饿的时候吃上妈妈做的一碗面，困了的时候床离得不远，我想你的时候你就在我身边……

有人说，幸福是能遇到一知己；有人说，幸福是做自己；有人说，幸福是一种发自内心的爱；有人说，幸福是一颗简单的心；有人说，幸福在于知足……

那我理解的幸福是什么呢？在我看来，幸福是内心不断的向善。幸福不是外在的荣誉、财富、地位……而是内心建立起来的能够承担、驾驭一些事情的能力，并通过不断地反思，让自己内心更加丰盈的快乐。

而我是如此的幸运，接触到的人总会让我有所得、让"吾日三省吾身"。

前几天和国内的好朋友聊天，她问我最近在德国过得怎么样。我说："我很好，在德国虽然身边的朋友不多，但无论外国朋友，还是中国朋友对我都非常好，我觉得自己很幸运。"她于是说："你能觉得大家对你都很好，说明你内心阳光、积极、美好，所以你感受到的都是好的一面……"我突然意识到自己曾经的"抱怨"原来是出于内心"恶"的情绪。她的这句话让我深思了很久。

我总是认真地观察我身边的每一个人，我的亲人、老师、朋友，认真地体会他们的言行，都有所得。他们的善都一点一点地影响着我。他们的勤奋、他们的执着、他们的宽容、他们的大气……而这些不是"心灵鸡汤"式的文字强行灌输，而是切近的、润物无声般的通过他们的行为、他们的语言输送给我心灵的营养。

这些就是我反思的源泉。

独处时，思想里萌发了无数个我，我和无数个我在交流、在争论。我在与无数个我的争论中，清晰地看到自己的自私、虚荣、浅薄、狭隘……而当我认清那是自私、虚荣、浅薄、狭隘……的时侯，我就已经开始朝着它们相反的方向走去，并不断接近我更喜欢的自己。

蒙田说，通过自身的努力向善（他把这称为"德行"或"德操"，看来他理解的"德行"、"德操"是一个动词，一个向善的过程）。要比天生就具有的善意高贵。我也认为，通过自己的不断反思、交锋来克制自己的恶念更值得称道。不断地向善虽然是艰难的，却像是过滤、净化的过程。以前我总是嘲笑佛家的"放下屠刀立地成佛"，还有基督教的"临死前信仰了上帝就会进入天堂"。后来才知，是我自己没有体会到其中的意义，恶念欲望成积是很难轻易放下的，要经历无数次的痛苦的纠结、反复才能实现，而与恶念斗争的纠结过程中正是德行。

最后还是那句话：我是多么幸运啊，我能认识你们，我的亲人们，我的老师们，我的朋友们。是你们滋养了我的心灵，让我能够不断地自省，不断地向善，我才更快乐，更幸福。

给作者做 CT 扫描和 X 光透视

有的时候我们常常惊讶大师们著作的厚重，动辄就全集几十卷，便感叹其思想的深刻和绵延不绝。当然这是一定的。

但当你仔细阅读、反复阅读后，就会发现有些时候他们的观点就是那么几条。其他的文字无非是重复和论证、背景介绍和举例分析，但其中自然有逻辑的推演。你是否能通过这些"附加"迅速领会其思想精髓并深刻地体会，这是依赖你的前理解和灵性。

但我所要说的是：我们不仅需要在阅读文本时掌握其思想精髓，记住这些突出的观点，还需思考作者文字表达和逻辑推演的方式，或者重复出现却不深入论证、偶然闪现却避而不谈的概念，更或是隐而不显的思想……这些也许更能体现作者本身的"独特性"和"价值"。

人们常常把观点和论证内容的关系比作骨架和肉，并强调骨架的重要性。但我认为，一个坚实有力的思想骨骼固然重要，但如果没有血肉它就是一架骷髅。如何做到肤肉附骨、胖瘦适宜，凹凸有致，皮肤细腻，吹弹可破……完美地呈现自身同样是非常重要的，这需要你缜密的思维推理能力，并通过流畅的文字充分地表达出来。然而这些在我看来仍然是静态的，我认为还有一个重要的环节就是如体内的血液循环速度、心脏跳动的频率、细胞的活动张力等这些的"唯一"性，也只有这些才是更区别于他人并值得借鉴的东西。

所以我强调文本阅读的重要意义在于通过文本阅读给作者做 CT 扫描和 X 光透视。

我是被你抛出来的孤独的个体

最近一段时间偶然的契机，让我对命理学产生了浓厚的兴趣。经过业余时间的潜心研究，我可以初步运用紫微斗数分析推断人的命、运。即依据出生年、月、日、时呈现的命盘十二宫（命宫、兄弟宫、夫妻宫、子女宫、财帛宫、疾厄宫、迁移宫、仆役宫、官禄宫、田宅宫、福德宫、父母宫）和星耀（一百一十二星耀），以及因此而落入各宫星耀特征和状态、星耀与宫位之间的格局、星耀的四化、星耀之间的相互作用等推断人的命运。

当鲜活的人生如我自己注定般的放在命盘里，准确度达百分之九十以上（余下的部分或许是研究不透，或许是为"运"留下一个转变的缺口）时，我开始迷茫了，我开始追问。

如果性格、容貌、运气、与父母、兄弟、姐妹、子女、爱人、朋友的缘分，官财、社会地位等都预先注定，那我们在这世间的意义到底是什么呢？

人到底是不是一种超越性的存在，超越已有的规定性？超越到底是在何种界限的超越？人有限的存在和无限的超越是否都已在一个更大的注定的界限里？

我被抛到这个世界上，我不源于我自己？我出生的时间、地点、生活环境源于一种超越我本身的事物，我在一开始就无法触及和改变源头，之后生命展开，所有的成长、变化、关系、消逝……以及我去理解的这些成长、变化、关系和消逝，我的爱、恨、畏，我的快乐、痛苦、折磨，我的思想和理性，包括所有深思熟虑的选择原来是早已预定的无形的推动？我竟不为自己负责？也许连我此时此刻揣测生命的意义都是他人在造就？

我生从何来，死往何去？为什么我是我，而不是他？那个主宰的力量到底是什么？我无法瞬间的摆脱，就像我无法摆脱时间。

那我在这流逝中存活的意义到底是什么？证明他的存在和自己的虚

无？那么意义本身毫无意义，我把握不了生与死和生与死之间的间隙。我无法自行的赋予生命的意义。我无法捕捉你的踪影，也无法探寻你。

我既与你相连，我是你投射在这世间无数个灵魂中一个灵魂的复制品，同时我又不与你相连，毕竟我不是你，不是你的全部，我只是你抛出来的一个孤独的个体，我成为我，独一无二。

我们还能回到"望、闻、问、切"的那个时代吗？

今年大约 4 月份的时候，南医大的一位老师通过黑大哲学学院联系了我，说是在网上看到我之前写过的博士论文《震颤的身体——施密茨身体现象学》深受启发，他认为我在论文中介绍的关于"身体现象学"的内容应该对医学有所帮助，我非常激动的和他探讨了我相似的观点，但也讲了我前几年研究"新现象学对心里治疗的启示"时的一些负面遭遇。大致意思是这种跨学科的研究在中国并未得到足够的重视等。他表示理解，但继续鼓励我，并向我为《哲学与医学》杂志约稿。听到一位长者用谦虚的话语表达对我学术研究的敬佩，我一方面非常不好意思承受，另一方面也更是深感惭愧。

我本可以拒绝这个"约稿"，因为我对新现象学的研究在我发表了相关的 20 篇左右的文章和两本著作《震颤的身体——施密茨身体现象学》和《身体·情境·意蕴》之后已经搁置两年了。但我还是在思考之后答应了，一方面虽然这几年我已经与马克思主义哲学深情牵手了，但对以往的研究惺惺念念的还有些困惑：哲学如何才能做到与其他学科的交流？又如何真正的与实践结合呢？新现象学是个非常好的切入口。另一方面鉴于我自身近期强烈的体会：现代医学运用自然科学的手段大肆横行，嚣张的气焰在我刚刚做完的手术中深切地体会到了，我被冷冰冰地置于手术台上的时候，只剩下可被拆解的躯体了，就如同那些通过量化、统计还原的客观化数据，我所有的感情，我作为人自身呈现的多样性在那一时刻全部被泯灭了。

于是我攥写了《新现象学对慢性病治疗的思考和启示》的文章，尽管仍然浅显，尽管仍然做不到哲学与医药连接的深入，但我还是要抛砖引玉，为了得到更多人的重视和思考。

在这篇文章里我针对慢性病的特征：动态性、复杂性、多样性和非稳定性，提出慢性病的治疗不能完全依据急性病的治疗方式，即不能依据各种指标预测，通过手术或药物使病人恢复健康，使初始的病理检查结果正常化。在其中我运用了身体现象学家梅洛-庞蒂和新现象学家施密茨对现象学意义身体的认知：身体是整体性的存在，身体并非是刺激、接受器和感觉之间的机械因果关系即"刺激—反应"来定位的。知觉具有整体性、关联性和结构性，知觉和对象间存在着直接的因果关系。以此来批判传统神经生理学和心理学关于身体的机械论因果关系思想，以及批判自然科学把人遭遇的所有现象都还原为客观中立的事实的生理主义还原。这种身心二元的、单纯依据生理学、物理学的原理的还原方式虽然给医学带来了诊断和治疗的有效性。但人的整体性也在自然科学的方法下客观的被拆解。自然科学在医疗领域对人进行"拆分"、"分解"，人们就在科学知识与作为人的整体的感觉（感知）之间划上了一道鸿沟。并通过施密茨提出来的一系列概念（身体现象、身体岛、身体方向、身体空间、身体情感、）论证身体的整体性，身体字母表使身体在病态和健康状态现象中的描述成为可能，以及身体动力学中关于情绪与身体的感应关系。

之后提出自己尝试性的观点：现代医疗是以"证明"为基础，病人成为数据的集合体（素群结构）。心电图、验血、验尿，各种检查、数据替代了蕴含着丰富性的"望、闻、问、切"的共同情境。所以要在医患对证的情境中打开主观事实的空间，让丰富的印象呈现出意义，从共同情境中获得信息（具体内容在这里不展开）。

总之，现代医学在本质上被理解为确定的自然科学，把人当作自然科学的客体和活动的媒介，医生从明确的数据中获得信息，通过作出确定性的算法进行处理，再进行精密的诊断和决定性的治疗。然而越来越多的疾病已被发现不能单纯从生理学角度去研究和治疗。譬如在医学领域中慢性病相对于急性病来说就具有复杂性、不稳定性、和混沌多样性。所以针对慢性病的特征，行为的预测不能完全依据客观的有限的科学数据。患者高度复杂的个体差异性要求不仅仅以客观的身体定位，而且应该构建起以发展医学和诸多情境可能性为基础的医疗，同时在哲学思考下关注患者的精神状况和心态对慢性病治疗的影响。

医学应该对疾病和健康进行哲学反思，尤其针对慢性病的治疗要让哲学呈现出意义，将人的价值和意义作为研究的中心。慢性病的医疗应该从人的整体性、情境思考、反生理主义入手。自然主义—生理主义—还原主义为基础的素群主义只是单一要素的组合，数据、细节的罗列，静态的对象性分析，弱化了人的本性，缺乏情境的整体性、灵活性和意蕴性。这种批判也类似于西方马克思主义者对技术理性的批判。医学治疗应该在自然科学图示化的基础上回归人的体验，自然科学的抽象化中应该辅助医患的情境交流。在情境中（望、闻、问、切）寻找患者的疾病特征……

我们还能回到"望、闻、问、切"的那个时代吗？

诱惑无度——《零度诱惑》第一遍读后感

诱惑在字典里的解释是通过某种手段引诱。我认为，诱惑之所以成为可能与诱惑者和被诱惑者的欲望相关，确切地说应该与对权、钱、色的欲望相关。这是个充满诱惑的时代，充满到你呼吸的缝隙里。

因为有了欲望，才有了流动，世界才不会死一般的沉寂。欲望如水中的暗潮，伺机涌动，我们就是水面上的小船，起初随之荡漾，美轮美奂……毫无准备之时，突然感知天堂和地狱的零距离：船被突然掀翻，沉入无边的深渊。然而人生在社会的"潮水"中，在诱惑之中，如影随形，不知者随波逐流，知者在挣扎与臣服中焦灼。如王尔德所说"我能抗拒一切，除了诱惑。"

　　小说透过男女主人的情欲、权欲、钱欲反思深处现代性中人的悲哀，人被物化，物化意识深入骨髓，挑战人性的买卖。人的数字化、原子化、符号化。启蒙走向反面，社会的进步伴随着人性的堕落。"文化"的欺骗性和操控性。资本的权利魔爪般伸向生活的每一细微处，"文化"如鸦片以其特殊的技术和消费方式，模糊了虚构世界与真实世界的界限。转移真实的社会问题，人在表象的欢娱中将现实理想化。鲍德里亚意义上的拟像包围了我们……

　　物质的不断追求映衬着精神的极度匮乏，无法承受和摆脱喧闹中的孤独。寻找自由，又无法承载自由，在虚幻的快乐之中，痛苦不堪。字里行间闪烁着哲学的反思（鲍德里亚、罗兰巴特……）堪称佳作。似乎每一句话都可以作为现代性批判的注解。

　　作者通过尤嘉霓这个看似特殊实则平凡的人物追踪并透视渗透于社会深处日常细节中种种的操纵与支配。在文中呈现我与"我"的纠缠、相互融合与批判。通过尤嘉霓和陈逸山的关系，诱惑与被诱惑，或者说相反，解读诱惑与情欲的关系。文字对情、欲的展现本身就极具诱惑力，自然、流畅、华丽、深刻、令人唏嘘不已。其中有感性的对话，也有理性的抽象。细细地品味每一句话，都会展开无尽的遐想，画面自我展开，反复思量，丰富且有韵味。不禁让我追问"情欲"的内涵，情、欲的关系和逻辑顺序。喧嚣的世界我只为自己理解的真爱喝彩，然而一声叹息，终将一生叹息。每个人都徘徊在真与假、内与外之间。真，深切的快乐与痛苦；假，虚幻的快乐与麻木。我们的身心一层叠加着一层的"垢"前行，随着老了，本性的欲望淡了，那"垢"才一层一层慢慢地褪去，直到死去的那一天，一颗心一副身躯干干净净……或沉入泥土的芬芳或撒入大地的洒脱。

　　我喜欢"镜中的夏娃"。通过"镜像"在真实与虚幻中，"分裂是痛苦的，身体的一半沐浴于参照影像的耀眼光芒中，另一半则浸泡在冰冷彻骨的海水，她在冷暖的临界点。"

她用文字淋漓地描绘着，各种规则，确切地说"潜规则"。文字一气
呵成，跌宕起伏。这就是我一直想写，却永远也写不出来的东西，因为我
被困在玻璃窗里看这个世界。我常常觉得，哲学与文学的融合是极其困难
的。如果作者不具备哲学的知识底蕴，而自然地文学方式呈现哲学，说明
他（她）是通透的；而如果已具备哲学的底蕴，又在将这种思维方式的本
质通过现象无痕无迹地表达，说明她（他）是睿智的。（另外我猜想，作
者在领会哲学思想的同时构思故事情节的感觉应该是兴奋的……）

我觉得它应该被搬上荧幕，我似乎已经在开场时听到了画外音："在
我生命的后视镜里，似乎有两条轨迹交错运行，两种声音，两个姿态，纠
结着，逶拖着，延伸着触角，向外、向内。它们或有短暂的和谐，但更多
的时候，是斗争，是相互的批判，毫不留情的批判……"

第二章　无聊的情诗

在

原来，你不在我在。

后来，你在我不在。

我想，你在我也在，

却只能因你而在。

因你而在，为你而在，在与不在，已不由己。

我试着超越我在进入你在，

却在你在中找到了另一个我在，

原来，我可以与你共在。

艰难

最艰难的一次旅行。

意志力破碎了，

努力重构；

又破碎了，

再努力重构……

在一次次破碎与重构中，

它越来越柔弱了。

水在心底里流淌，
你磨蚀了我的身体，
使我几乎挪不动脚步，
你能淹没我的思想吗？
我宁愿不能思考！

陌生的城市陌生的人，
寂静的房间里，
想着不敢想、不能想、也永远想不通的事情。

昨夜想不通的事终于有了模糊的回应：
生之走向沉沦，
死之走向澄明；
生命不在于长短，
瞬间化作永恒。
从此，从此……天涯一咫尺！

等我回来

你问我，何时回来
我说，待我看得见你白色下面温暖的色调
你说，白色是你的灵魂，它飞、它飘、它落，它才能将魔鬼淹没
你说，你等我回来
等我凝望你冷月的眼睛
等我抚摸你朔风的脊梁

我说，好吧
待我看透南国的风景
待我厌倦芒果的味道

泥土中的小虫

我穿越千山万水，竟一脚踏进了你的泥土
没有芬芳，连一丝光亮都是虚幻
我可以留下标记，再摸索出回去的路
但我没有
因为，我想把每一寸泥土都攥出水来
再滴入眼中
让世界在我面前真正的澄明
五年转瞬
我深埋于泥土
我还是那个我，我已不是那个我
有人轻轻拨开我的眼睛，让我在泥土中看到了第一个微笑
有人在不远的前面踏出了一行行的脚印

有人在后面鞭打着我身上沾染的灰尘……

我跌跌撞撞，

我紧握着泥土，

我还没能攥出水来

但我却仿佛能在白日见到月光，在夜晚感受残阳

清风吹过，蒲公英呆呆地伫立在那里

有人指尖轻拂，却留下了刀刻的印记……

一切都是那么奇妙

于是，我甘心做泥土中的小虫

只是渴望拥有更多的春天

那么，我就可以在泥土中倔强、荒谬地翻滚

因为，

这才是我要的存在方式

酒

空荡荡的房间

从门口径直走到阳台不过四步

五个月前的痕迹在厚厚的灰尘中清晰可见

热水在身上冲了好久，仍然担心抵不过雨夜的寒冷

依在床上

翻着今天已经看了无数遍的第十五页

想着如何逃脱时空的荏苒与虚空

心里被某些东西塞的满满

意识漫无边际的散开

想起昨夜"波特曼"之酒

"高贵"的酒杯衬着洁白的桌布显得那么无力

唯有血一样的颜色晕染进去，才美的醉人，美的让人忘记了那是酒。

可酒终归是酒

在身体里流淌，却在心里发酵……

生日

每年的今天，我都会停下脚步

透过镜子看我来时的路

那是一些线条和色彩绘制的图画

有连绵起伏的绿色

有海浪涌起的泡沫

白色冰封了大地

里面还存有怀抱的温度

沉寂，沉寂，沉寂过去……

此时我站在五角场上

眺望通往幸福的路

钢筋水泥铸造的"文明"，不再令我厌恶

橱窗里的灯光映在对面咖啡馆前坐着的年轻女孩娇羞的脸上

人群的喧嚣都成了美妙的背景音乐

超感性的事物跃起的一瞬间

又被召唤回去

感谢这样的时空我"在"

而且是非纯粹的"在"

有的人走了

有的人走了，有的人还在

异化的世界

情感的深度和厚度都要求被限制。
不羁被困在深渊
渐渐地磨平了放纵的个性。
每个人在"周全"中委屈着自己，
在害怕孤独中错失了自由。
如此，不要。
我要坚持我的生活
一句话，一首歌，一幅画
都能伴着眼泪与情感在我的世界生动着。
我要
有一天离开的时候，
我能笑着说，
在这万世中的一世，
我曾鲜明的活过。

云里的雨滴

我是藏在云里的雨滴
经历了无数的上升、冷却
却经不起一阵风的吹拂……
我想安静的待会儿
安静到听不见自己的心声
厌倦情感的起伏和心灵震颤中的领悟
我把"情绪"揉成粉末
一把撒向雨中，却随着空气再次侵入身体
无尽的淹没于"汹涌"……
你说，这是泰戈尔的"错觉"

无非是此岸望着彼岸的幸福……

我思恩师不忘教诲

夜色闪过

洪水漫过的生命消隐在梦里

苏醒后才发现一个世界向另一个世界的转换

留下一道鸿沟

那是"直观"与"无限"的对峙

于是，在明晰的足迹旁

听到一声哀痛的叹息……

我的心走过冬天

在思想汇集的文字里找到了春天

淡淡的芳香飘散在心底

那是冥冥中的指引……

白色的千纸鹤仿佛还在空中摇曳

却看不见连接的丝线

落入泥土的一抹白色

看起来比枝头的"繁华"更美

因为，它弥补了泥土的空虚

……

我思恩师不忘教诲

雪夜的天空

雪夜的天空，隐藏着星星间的凝望

泛起的凌乱思绪，攀缘在心里

它成了意义的纤维，编织着每一天的生活

最终被一条线链接起来，凸显于晕中。
于是，一面不断地卸去它的面纱，
一面它又不断地沉入心底，成了灵魂的底色。
划破的手指，被不属于自己的身体感受着疼痛
刚刚吹起的头发，就想念她和脸颊的亲昵
……
心为拥有而富足。

厌倦

我一边拼命的奔跑，一边向前伸出手
模糊的什么都没有，连空气都滑过指缝。
我亦如所料的厌倦了，
亦如那个对"现实"隐含的历史性蕴意。
我讨厌飘浮弥散的情绪里出现这样的"浮雕"，
像奶油蛋糕上加了一块酱牛肉
其实我可以碾成肉糜
与奶油混成特有的柔和醇香
但目前看来是做不到的。

浮躁的春天

灰蒙蒙的世界
也是浮躁春天的一部分
透过车窗感受外面蠕动的节奏
亦如电影放慢的画面
心是填不满的黑洞
进去的一切都无法逃脱

被消解

在情境中体会语言的揭示与遮蔽

既然无法完全展现

我愿保持缄默

单曲循环播放

音乐与文字融合出魔力

一切都被虚化成了背景

清晰的只有后座的你……

早春淡妆

早春画着淡淡的容妆，

像涮过的笔在纸上轻轻的一抹。

漫步其中，

我喜欢"漫步"这样有情绪的词汇

因为情绪设置了我和风景的关系，

是融入还是抵触

是烘托还是冲突。

追问着情绪的"什么"和"为什么"

还有它持存和改变的条件

竟也陷入了抽象的空洞。

车在高速公路上飞速的行驶着，

找不到停下的理由。

也许，也许

事物总是朝着要被扬弃的那个方向发展，

……

不能夺眶而出的

在空气中凝结成了"光辉"。

穿越

是相似的情境产生了相似的情绪，
还是在一种情绪中想起了同样情绪中的那个情境。
我以现在的我走过那些泛黄的照片。
我走过一个小女孩身边，
看见她一听见火车轰隆驶过就泪流满面，
我走过那个黄昏的学校听他说喜欢……
我走过那个床前，听见闷在被子里得哭声穿透寂静的夜……

等待

就这么静静的等着，
等着暴风雨的来临，
等着海啸般的吞没，
再等着洗礼后的沉静，
让一切无痕无迹。

恋床 1

躺在床上就能让自己睡着，
这是我经过多年练习让自己做到的。
我把床当作"累了"、"倦了"、"烦了"……
心便可以清空的暗示。
但我无法控制多梦的情况
梦里那些被扔掉的东西又回来了，
于是我在梦里不断地找床……

几度空间辗转

我总是要醒来的……

最近我在床上的时间又多了

恋床 2

躺在床上就能让自己睡着

这是我经过多年练习让自己做到的

我把床当作可以进入不同的世界

演绎异样角色的暗示

可是我又总是不满意那些"自己"

于是我在梦里不断地找床

几度空间辗转

我总是要醒来的……

最近我在床上的时间又多了

八月

八月最后的周末

黄昏

谁调的色染了天空

秋凉

时间却热烈起来

操场上多了迷彩的跳动

着席地长裙平底鞋的女人

走过

心不在场

还停在中午 11：35 分……

九月

九月过半，冷月
隔着玻璃窗的夜色
霓虹对着钢筋铁泥麻木地调情
脚上的白色袜子因为洗不掉的印记
而哭泣

秋叶

有一天我走了
如同这一片飘落的秋叶
沉入泥土，连同它的芬芳
无论完整还是千疮百孔
脉络依然清晰
坚韧脊骨可见
它曾沐浴过明媚的春天
它也曾炽热的爱过在炎炎的夏日
它静静地走向秋天的苍黄
没有一丝凄凉
它只是在意
它是否感染过你的生命
温暖过你的悲凉……
明年春天那满树的青绿
哪一片叶子又会是我呢？

夜的祭品

我堵着耳朵

听心跳的声音

我闭着眼睛

看思绪在黑色中划过一道道的线条

我又成了夜的祭品

烈酒

我看见一个人在夜里喝着烈酒径直地走过来，

眼里充满了炽热和欲望。

她看不见我，

而我就迎着她来的方向，

一动不动。

我可以躲，

但我没有。

我急促的呼吸，

越近越迫。
她终于撞进了我的身体，
于是我燃烧起来……

你问我海是什么

你问我海是什么
我说海是情感
超越我的气氛
在空间延展

我盼着法兰克福的第一场雪

我盼着法兰克福的第一场雪
将我的骄傲深埋
让它在幽暗阴冷的泥土中呼吸
待到明年春暖花开
我再俯下身
朝它伸出手去

我想听它年轻时的故事

法兰克福的雪到现在也没有下
告别了秋的盛艳
又迎接不来雪的洁丽
一切都显得那么尴尬
偶然发现了这个地方
远远的心就怦怦直跳
它荒的那么美
孤独的那么高贵
以至于我不忍心穿着红色的大衣走进去
我呆呆的伫立着
突然我很想抚摸它的容颜
告诉它
我想听它年轻时的故事

夜

夜沉默着

小心翼翼托着我的心

他见识过我的脆弱

像前天夜里听见的哭声

我坐在窗前

里面映射着我的影子

我看着她

一缕头发垂下

她知道明天的节日

但与她无关

她微笑着

和我分享她经历过的幸福时刻

她的每一个"节日"

我希望

我希望听歌时不再想风吹雨成花

我希望纸上的文字不再随心跳跃或喜或悲

我希望不再被情绪拨动心弦纠结着拥有的和失去的

我希望他乡的月温暖着我不陷于记忆捆绑的围墙

我希望一切的不美好都像沙滩上留下的手印被海水冲刷的无痕无迹

我希望不念过去不思未来

我希望我永远看不透这世界傻傻的笑到最后

我希望我不再是我

零下 21 度

晚上 21：11

车窗外的白色和零下 21 度

车窗里的音乐"因为更好遇见你，留下足迹才美丽……"

在玻璃的呵气上画着符号

然后看着它一点一点的消失

一遍一遍

虚拟世界

"亲"、"亲爱的"肆意地扩展着友谊的界限

在"害羞"的表情里，爱情无限度的增长

像早上的烤面包，一分钟就叮的一声从面包机里跳出来。

无间的交流，也勾勒不出对方的轮廓。

你敢面对真实的对方？

你敢在真实中作出那样的表情？

虚拟世界的人们，慢些再慢些吧

同学会

同学会总是会让人百感交集的

追忆尘封已久的过往，

寻找支离破碎记忆，

凹凸的点串成模糊的线

心里应该是浓浓的温暖。

然而，

我不愿见面，

我害怕见面，
我害怕岁月蹉跎的样态覆盖当年的青涩和真诚
我害怕思念像蓄积了太满的水坝，
一个裂缝就会汹涌般的倾泻，
而我更怕倾泻之后的空白，
我想到了"相见不如怀念"。
交集在那个特定时空里的我们，
有我们共同的曾经。
然而在"回不去"中面对"回去"
只能感叹时光荏苒了。
好在
过去的过去了
过不去的也过去了

又是一年情人节

情人节总是如期而至
一天
只是一天
一天的时间不够思考"爱是什么"
一天的时间不够践行"如何去爱"
一天的时间只够形式上的凸显
如裙子领口的流苏
或如裙摆下方的蕾丝
然而
裙子却因这个细节变的灵动了。

我和陌生的自己

10 个小时的飞机

从三条毛毯开始，

裹着虚弱的身体

倚在窗前，

晕睡得昏天黑地。

梦里的爆炸声在身边响起，

我醒了。

望着外面的苍白，

体会着身心无力的自己，

已不是第一次了。

飞机上狭小洗手间的镜子里映射着我的脸，

我认真的端详着，

恍惚间从清晰到模糊

从模糊到陌生

心里又浮现了那个声音"你是谁?"

"你为什么时而内在于我，时而外在于我?"

生命的意义

许久以来一直揣摩着"生命的意义"

它一直被遮蔽在黑暗之中

竟没有一丝光投射进来

我在黑暗中抚摸它

它有温度

它能跳动

但形态一直在变。
每次都是它在我的手里
我兴致勃勃地探索着它
可在我几乎"接近"它时
它就变了。
然后我便失去了耐心
我放下它。
但只要它离开我的手
我就感到无比的冷和空虚
我发现
我需要它的温度暖着我
我需要它的跳动让我觉得我还活着
然而当我又再次将它握在手里
就又开始被它的"转变"而牵动着我的思绪和行为

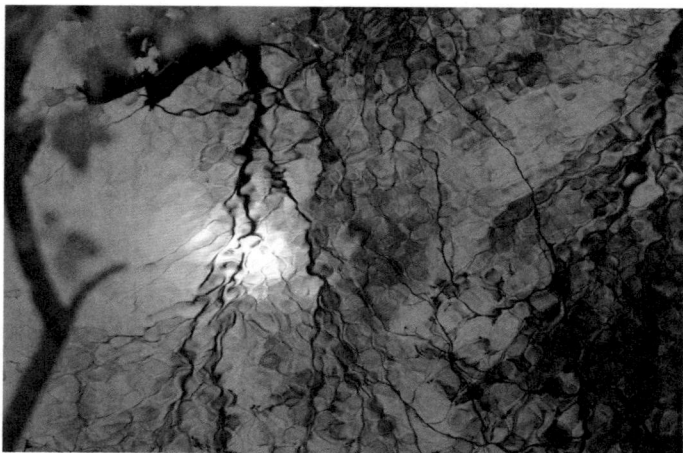

春：迫不及待

春突然闯入

还没有与冬缠绵

就迫不及待地绽放

只是我更喜欢

它在冬的外衣下孕育

雪融，冰化

辗转流连

细雨温柔抚摸

气息蔓延而至

才轻吐嫩芽

才草长莺飞

狂欢之夜

狂欢之夜

不借酒

把疯狂、放纵统统处死

只留下哀怨坐在那里守灵

一道灵光闪过

一道灵光闪过

我还来不及捕捉

它就消失在黑暗里

我确信

它暂时并不属于我

否则，它会盘旋，会驻足
它会深深地扎进我头脑的土壤里
与我思想中的其他根茎盘绕交错
并以猛烈的冲击力向某一方向迅速延伸
最终绽放出花朵

悲催的 3 月

两点一线的时空
单调的只有 4 站的风景
思绪凌乱
镜子里愈发圆润的脸痛斥着悲催的 3 月
灰色的云压着巴洛克建筑的屋顶
偶尔才有一缕光穿过落地的窗户
我突然想念去年的四月，
早春的那抹淡绿
幽静的湖边
停着红色的吉普
一对年轻人路过我，说着情话
我用手测量着水与天的距离
中间只隔了一片密深的树林
时间和画面都停下来
活跃的只有确证生命的心

黑色

曾几何时你是否也想过，
以这样的夜色开始，

守候着，

直至最后一盏灯熄灭，

那么被黑色吞没的同时你便与它紧紧地拥抱在一起了。

这一树花落败的这么美

这一树花落败的这么美

尽管如此

我也不再陪你哭泣

把自己推到世界的边缘

绝望的心才能明晰

尽管如此

我也走回来即便迷矢

用泪水洗过的眼睛

才能看清事情的真相

尽管如此

擦干眼泪，我仍然继续起舞
无非是等待又一次的破碎
只要还能继续拼凑和聚合
我就继续"享受"生活赋予我的美

梦里

梦里我依然孤独一人
斜躺在黑色的沙发上
望着窗棂上的绿色发呆
一缕清风吹进来
撩拨我白色的裙子
我按住它
不小心触碰了我的腿
我已经好久没有意识到自己的手和自己的皮肤接触的感觉了
于是我沿着腿部向上抚摸

最后停留在颈部
我发现我的皮肤很光滑
也很敏感
似乎每个毛孔都打开
像期待受洗一样的虔诚

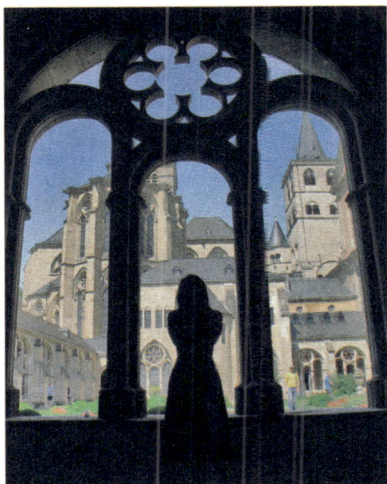

这样的夜晚

这样的夜晚
我想起哈尔滨大街小巷的袅袅炊烟
推杯换盏的叫嚷声
白色整齐的广场舞队伍
一遍一遍地碾压着我的耐心
谁的书房透出的光
涌入我的心底
一双小脚丫走在我的旁边

清澈的眼睛看着我说，
我可以吃个冰淇淋吗？

厌恶着还保留着

那时我每天的血液里都融入"新鲜"和"刺激"
明媚的九月等我
散落在绿色中的光影等我
房间里潮湿的空气等我
还有光华七楼的书香等我
而现在的我每天都在消耗自己
血都快流干了
可却什么也输不进去了
所有的似乎都和我目前的血型不匹配
那时我还是自己的主人
我挥刀跨步
一马平川
不知何时
我砍断了马腿
向媚俗跪地求饶
那时我英气如少年
啃着面包
跑在去早晨 8 点课的路上
一句普通的对白
写在纸上
都反复激起我内心涟漪
而现在的我心里长满了荒草

手握火柴
都没有一把火烧掉它的力气
我厌恶着
还保留着

二维码

我的心里纵横分层
我努力地通过结点
看我交错的路径
模糊清晰
深深浅浅
画一幅图
三天三夜
最后看起来像个二维码

笑我

我用废弃的砖头
垒一墙的迂腐
这一墙如同那一墙
垒成了高楼大厦
然而
只需一冷眼
便溃烂坍塌
它们笑我
砖上的每一粒粉末都在笑我
时间笑我

丰富笑我

生动笑我

个性笑我

数不尽的灵气笑我

但是

我停不下来

我舍不得停下来

我忙碌着

甚至忘记了我舍不得什么

终于它们不再笑我

它们不屑笑我

放逐我于无边的麻木

是我还是他者

是谁在编织我的梦

我听我看我触摸

我哭我笑我沉醉

我起我落我眩晕

夜穿流而过

留下了感性的线索

是我成为了他者

还是

他者成为了我？

阳光之下

草地上映着的阴影

镜子反光着的影像

哪一个是我
是我还是他者?

错觉

以为眼睛看见了光亮
其实身体一直在黑暗之中
以为眼前一片漆黑
其实是身处在强光之口太久了

时间

是与不是
在与不在
都在于时间
把它放在手里
静静的看着它流淌
还是钻进它的漩涡里
悲喜交替地吟唱
它都还是它
而你却是不同的你

夜拖延着

夜拖延着
但它驱逐不了色彩

冬夜

冬夜

玻璃窗外凝固的寒冷
照面了一颗柔软而有力量的心
于是
它斩断了执拗的锁链
在黑暗中打开了通往光亮的通道

夜

夜，
我醒着向你致敬，
只有你才能让我的思想尽情狂欢。
夜，
我睡着向你膜拜，
只有你才能让我的灵魂四处撒野。

世界是一场闹剧

世界是一场闹剧
在窒息的空气里
有限和无限对抗厮杀
嘲笑着高傲着
走进时间的漩涡

世界是一场闹剧
在模糊的光亮中
天使和魔鬼携手共舞
疯癫着陶醉着
跳进灵魂的深渊

而面对这一切
夜
袖手旁观

魔鬼的心灵

从怀疑的根部长出鲜艳的花朵
那是魔鬼的心灵
它不断地汲取空间
以满足噬心的欲望

矫情

如果心灵不曾反复磨出老茧
如果眼泪不在绝望口干涸
那么痛苦和焦虑就是带着矫情的姿态
变异着

夜从哪里开始?

夜从哪里开始?
是从满天的彩霞开始,
是从点亮的灯火开始,
还是从你心里那一丝忧郁开始?

我与"我"

我说什么,
理解成什么,
解释为什么,
我自己就是什么。
我是我自己,
我又不是我自己,
我是无,
我又是所有。
我沉沦于世,
繁忙于"此"。
我存在于"此"中,
向世界敞开。
我一直在路上不断地与你相遇,
与他相遇……
或者说
正是因为我不断地与你相遇,
与他相遇……
才能一直在路上。

这条路是我的被选择，

是可能与偶然扭打在一起喘息的空白。

路的尽头死亡微笑着向我招手，

于是我向着死亡前行，

无所畏惧，

因为只有走到路的尽头，

我才是"我"。

时间与现实

用永恒来理解时间，

用虚幻来感受现实，

谁让我分裂得那么狼狈？

从时间中理解时间，

在现实中感受现实，

谁捂热了我心灵的温度！

意蕴

意蕴在情境的蚕蛹中被包裹着
等着破茧成蝶的那一刻
却也飞走了
意犹未尽

第三章　无聊的旅程

一、我的心遗落在了东欧

历时二十多天的东欧、巴尔干半岛之行终于落下了帷幕。这二十多天来，我的身体和灵魂一路狂奔，游历了 9 个国家(奥地利、匈牙利、波兰、捷克、斯洛伐克、塞尔维亚、斯洛文尼亚、克罗地亚、黑山共和国)，将近二十个城市（克鲁姆洛夫、布杰约维采、维也纳、布拉迪斯拉发、布达佩斯、奥斯维辛、克拉科夫、华沙、弗罗茨瓦夫、布拉格、萨尔兹堡、布莱德、萨格勒布、普利特维采、扎达尔、杜布罗夫尼克、科托尔、布德瓦、斯普利特、特罗吉尔、卢布尔雅那、波斯托伊纳）。所到之处几乎都是世界文化遗产。

我的心遗落在了东欧（一）：文化之旅

当所有人都向我展现了他们的高贵、富有、华丽……，我却把目光投向了坐在角落里那个忧郁而赋有艺术气质的男人，他的名字叫东欧。这个承受了人类的灾难、罪孽、在历史上不断遭受侵略、瓜分、吞并和异族统治，饱受风雨和磨难，依旧坚强面对的男人，以其神秘的魅力牵引着我，也让我带着淡淡的忧伤，一步一步地走近他。

东欧不但是个地理概念，而且还是个政治概念、历史概念。他过去，

它主要指波兰、捷克斯洛伐克、匈牙利、罗马尼亚、保加利亚、南斯拉夫、阿尔巴尼亚 7 个国家。1989 年东欧剧变，苏联解体之后，华沙条约组织解散，捷克和斯洛伐克分道扬镳，南斯拉夫各共和国相继独立，东欧不再是以往的东欧，如今他还涵盖更多的国家：立陶宛、摩尔多瓦等独联体国家，还有波黑、克罗地亚、斯洛文尼亚、塞尔维亚、黑山共和国等从南斯拉夫联盟独立出来的国家。

这二十多天来，我驻足音乐之都维也纳的街头，感受跳跃的音符；我走进"世界绿华沙都"；我登上雄踞于多瑙河西岸的布达佩斯城堡山之上；我站在全欧洲最大的中世纪广场；黄昏中我在横跨伏尔塔瓦河的查理大桥上徜徉；我欣赏哥特式教堂、巴洛克和文艺复兴式样的建筑；我穿越斯洛文尼亚，克罗地亚、塞尔维亚和黑山共和国，一路的波西米亚风情，自然、恬美、宁静的小镇，如诗如画。我在克罗地亚遇见了最美的海和最美的城；我目睹阿尔卑斯山中的玉泪，踏进两千年君王的地宫；漫步达尔马提亚最美的海岸线；在扎达尔倾听风与海之歌，向太阳致敬；我在布德瓦陪太阳消失在海平面；我穿越千年的城门，伫立沙滩看浪涛拍打教堂的钟声……我在人群中感受他们的朴实、热情、倔强与刚毅。

维也纳

布达佩斯

布拉格

奥地利雪山

克鲁姆洛夫

华沙

布莱德湖

萨格斯布圣母升天大教堂

扎达尔城门

扎达尔　风与海之歌

科托尔教堂

布德瓦老城

杜布罗夫尼克

斯普利特

特罗吉尔

　　我无法穿越，我不曾在那里。但历史的气息笼罩着我，它向我深情地倾诉，我静听着，我泪如雨下。历史的磨难、战争的屈辱满耳轰鸣。我被裹挟着，跟跟跄跄。这东欧的文化和精神就在这古堡、地宫、城门、断崖……中散落，他是思想和理论的先驱哥白尼，他是卡夫卡的《变形记》、他是米兰昆德拉的《生命中无法承受之轻》、他是山多尔的《烛烬》，他是克里玛《等待黑暗，等待光明》和《没有圣人，没有天使》，他是齐奥朗的《眼泪与圣徒》……他是柴科夫斯基、肖邦、李斯特、德沃夏克、巴尔托克、斯美塔那的音乐……他是艺术和梦想的融合；他是新马克思主义、是南斯拉夫实践派、是匈牙利布达佩斯学派；他是哲人的思想遗迹、是他们对民族文化的理解和坚持自己民族的认同。他就是东欧思想家、文学家、艺术家的反抗与不羁。

　　东欧的思想家、文学家、音乐家带着深切的民族意识、反抗意识、历史责任感和道德良知书写着、批判着、描绘着、演奏着、谱写着对命运的陈述和抵抗……就像《窃听风暴》中奥斯卡说的："越是在这样的压抑下，越有创作的动力，创作的源泉。"这种思想文化的精神让人无比的尊重和钦佩。

　　在此向所有的东欧思想家、文学家、艺术家以及致力于研究东欧思想文化的学者们致敬。

　　历史在重叠、文化在交错，在这片土地上仍然跳跃着生命的力量。所有散落的文化尘埃汹涌而至，我被粉碎，我被消融，我重新拼凑成另一个我，一个自然与人性更丰富的我。我为自己感动。

我将自己直接撕碎
只留下一颗心

感受着天地间

不

给我一双新的眼睛

让我直视他的美丽

给我一对新的耳朵

让我倾听他的悠扬

给我一个更柔软的唇

让我去亲吻我的爱人

给我一片新的肌肤

让我迎接那一缕风

给我一个新的身体

让我在这片土地上优美的起舞

给我一个新的灵魂

让我思想着他们的思想

我重新拼凑成另一个我，

一个自然与人性更丰富的我。

——无聊的我

我的心遗落在了东欧（二）：奥斯维辛集中营

人类在通向文明进程的路上点燃的蜡烛，烧了自己的手。

其实 10 年前我就去过在德国境内的一个纳粹集中营。偶然啊纯属偶
然，然而这个偶然却铸就了未来的必然。周末汉诺威大学组织活动，去动
物园或纳粹集中营。以我当年的气质，当然选择了动物园，结果起来晚
了，错过了动物园的团，心想都出来了，那就改去纳粹集中营吧，当时
对于我而言，"纳粹集中营"就是个名字，我对那段历史虽有些许的了解，
但毫无感性的认识。我甚至到达后，还在集中营的门口，与这几个硕大的
黑体字 "……Konzentrationslager"（……集中营）微笑的合影留念。后来
我把那照片撕得粉碎，我无法面对我那张无知的脸和脸上残留的笑意，这
种无知如此的令人憎恶，就像遗忘是赤裸裸的背叛。因为它们都孕育着历
史重蹈覆辙的危机。

我走进了那个我这一生都无法忘却的地方。随着讲解员一步一步的讲解，我的心开始发颤，因为我走过的路，就是曾经那些犹太人经受折磨最后惨死的地方。一墓，一墓，上面没有名字，只有"5000 人"、"一万人"、"二万人"这样的万人坑……无数。之后进入了陈列室，看见一幅幅照片，听获救者采访的录音……我的情绪已经不在正常的状态了。最后我们进入了一个录像厅，我在那里彻底失控，屏幕上展示着犹太人在那里的状态，人被彻底地消耗，被彻底地榨取，你无法想象：骷髅外面包着一层皮，分不清男女，没有肉包裹的脸，硕大的眼睛突出，铮铮地、凄凄地看着镜头，而这些人竟是活着的站在那里，如死人一般的活着的"活死人"。还有一个个的孩子们，如同这般被摧残，我捂着脸哭得上气不接下气，又怕看，又控制不住地想继续看。直到镜头给到焚烧处死的环节，我的眼泪都吓没了。成批成批的人裸着进入焚烧室……之后就是成批成批的尸体摞成了山，用铲车将尸体推进万人坑里，那场面像十几年前农贸市场贩卖的白

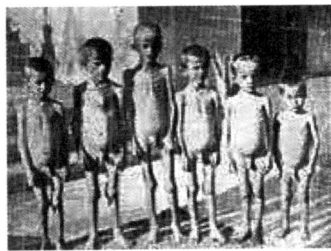

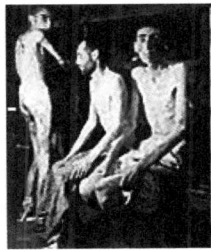

条鸡，身体与身体交错着，最后，一个没有完全投进去的尸体，一只手还挂在坑的外面，看管的人随即用脚将其踢了进去，于是他带着地面的土一起去"拥抱"他的同族了……

当大人物还在为死后能否葬在先贤祠而竞争时，这些同样有着生命、思想和情感的普通人却生失去尊严，死后如此不堪。在这个宣扬自由、平等、博爱的文明世界里却演绎着这样的不自由、不平等、不博爱的人间炼狱。

　　我不知道我是怎么从那里走出来的，我也不知道自己是怎么游魂般地回到了家，我只记得我几天几夜未能合眼，那些场面在不断地覆盖我之前的记忆。我恨我自己，为什么要去这个地方，我恨我自己为什么要贪睡。我本可以悠然地走在动物园里，和那些悠然的动物们一起散步。动物园里多美好啊，没有真正的弱肉强食的场面，动物们早已忘记了捕食的技能，只剩下谈情说爱。

　　从此即便我努力地回避，也无法忘却。我越是想忘却，记忆却越深。这让我常常深思人性。我不相信人性可以残忍到这种地步。可是在耶路撒冷的审判中，屠杀了 580 万犹太人的纳粹分子艾希曼竟然说出："我会笑哈哈地跳进我的坟墓，因为一想到我已经处理掉 500 万犹太人，我就感到极大的满足。"

　　这到底关乎于什么呀？我痛苦不堪，我困惑不解，直到我"遇见"了阿多诺，直到我"走近"了阿伦特，直到我"旁听"了阿甘本。

　　这是一场人类自身的灾难，一场震慑人心的暴行。这不仅是一场犹太人的悲剧，而是文明与野蛮的辩证，是文明从自身产生的反文明，是启蒙走向启蒙的反面，这是人类在以"技术理性"为核心的现代性中的麻木状态，是人性在"技术"中的泯灭和异化，是人的解放沦为对人更深的奴役。这是极权主义的罪恶，"无可奈何地认识到，几百万德国人渴望放弃自由，就如同他们的父辈曾为之而奋战一样，他们在寻找着逃避自由的方式，而不是想要获得自由"（弗洛姆）。这是从将理性高扬为认识一切、衡量一切和支配一切的至高无上的权威，到理性自我退化为实施支配的工具。这些受过良好教育听着古典音乐的法西斯分子采取技术手段完成蔑视生命的大屠杀，正如阿多诺："在集中营中，死掉的不再是个人，而是样品"。"通过管理手段对数百万人的谋杀使得死亡成了一件在样子上并不可怕的事情。个人经验生命的死亡再也不可能像是与生命过程相符合的事情。"这就是理性和技术的逻辑。人们忘记了技术只是人类延长了的手，保护人类的手段被物化，而过有尊严的生活这个目的却被遮蔽和在人们的意识中被切除了。"一个人挖空心思的设计出一个运输系统，能够尽可能快和最少损耗的把受害者运往奥斯维辛，却忘了他们在奥斯维辛会有怎样的命运。"（阿多诺）

而在集权的统治下，普通的人只不过是为纳粹制度效力的一颗齿轮，盲目服从，麻木执行。这就是阿伦特意识到的"平庸的恶"，即恶的化身未必是狂暴的恶魔，在极权主义统治下，他们是缺乏思考力和判断力的人，却也可能成为恶的代言人。就像艾希曼，注定了成为那个时代最大恶极的罪犯。就像《朗读者》中汉娜作为看管，运送犹太人去集中营的路上，营房起火，他们没有开门，大批犹太人被烧死。但在法庭上被问到为什么没有开门时，她竟然认真的回答："this is my job"（这是我的工作）。同时阿甘本又从人类自己制造的"无罪杀人者"中透视奥斯维辛背后不可正视的生命政治存在论剩余，而今天西方社会的政治范式就是看不见的集中营。

这次我不再回避，我走进了波兰的奥斯维辛集中营。我要接受一场真正的洗礼。我勇敢的面对，我不想如从前一般麻木和无知，我要让这段历史至少在我身上警醒。我要它使我真正的体会社会的灾难、理性的灾难、人类自己制造出来的灾难。并告诫自己要始终坚持辨别善恶的能力，要坚持倾听内心的道德律令，这样才能抵御"平庸的恶"。

　　凯尔泰斯说:"奥斯维辛之后只能写奥斯维辛的诗。"阿多诺说:"奥斯维辛之后写诗是野蛮的。"当然这些都是对文化的批判性表述,是对时代整体状况的批判,是让我们深思,奥斯维辛之后,生活到底意味着什么。然而在我看来,诗还是要写的,从个人角度来讲,人本性追求平和和快乐,并不意味着要彻底忘却沉痛。警醒之后的快乐才是真正的快乐,而之后在快乐中对比的沉痛才更深刻、更彻底。

我的心遗落在了东欧(三):布达佩斯之恋

　　这座被誉为"多瑙明珠"的布达佩斯,大气恢宏。在多瑙河上游,河西就是布达,古朴静谧,城堡山上,巴洛克式巍峨的王宫和七百多年的马加什教堂,还有那象征七个部落的渔人堡。而河东的佩斯繁华热闹,国会大厦壮观无比。就这样,在河的两边它们展现着各自的风貌。傍晚登上雄踞在多瑙河畔的盖莱特

山，在渔人堡上俯瞰黄昏中的布达佩斯。多瑙河、玛格丽特岛、东面的佩斯，以及盖勒特丘陵的全景一览无余。

我之前对布达佩斯的印象是源于德国和匈牙利合拍的电影《布达佩斯之恋》。第一次看的是德语版，也许还是因为存在语言的障碍，让这部多元素组合的艺术作品，只有那曲《忧郁的星期天》贯穿的爱情在我心里荡起了波澜。而至于被渲染的"自杀之曲"《忧郁的星期天》除了让我泪湿衣襟以外，我当时很难理解它与"放弃生命"的关联。而后再次看时，获悉这种关联是根源于第二次世界大战期间德国法西斯对东欧人民的迫害、蹂躏和羞辱，而自杀恰恰是对尊严的维护。

东欧的影片和小说对爱情的诠释，常常让我困惑。身体的自由超越道德和伦理之上，即不困于道德之内，我不知道是不是要通过身体的解放来释放民族长久以来被迫害的精神压抑。而且在这样的文化背景中是否能产生《布达佩斯之恋》中"一女两男"的爱情，我至今表示怀疑。女主角伊莲娜对两个男人似乎都是深爱着，躺在草地上，两个男人依偎着伊莲娜的荒谬画面至今让我难忘，真是"和谐的不和谐美"。当然我相信任何爱情都是在生存境遇中的爱情，爱情在其中滋长，但无论如何，它里面的核心应该是纯粹的、饱满的、完整的，身心合一的，也就是在其中它不能被划分层次，任何的划分，在每个层次中都会造成爱情饱满的不完满，任何分离和打破都会造成纯粹的缺口。

黄昏中的布达佩斯在晚霞中那么夺目。这是个容易滋养浪漫爱情的城市，从渔人堡下来时，在山脚下拍到了这对恋人。黄昏中他们的亲吻是那么的和谐，那么的美。

爱情啊，这个世界上人们永远

也诉说不完的话题，它如吃饭那么轻松，它又如生死那么沉重，当当下同性恋、姐弟恋……不断地冲击着我们的世俗底线时，我们意识到，"爱情"要不断地被界定，然后再不断地被打破……它在世俗之内，又在世俗之外。在我看来，爱情在广义中涵盖的元素太多，你可以界定为甜蜜、激情、感动、深沉、付出、凄美、壮烈，甚或不顾一切……然而，如果我们把它界定在生存境遇之内的身体和精神的融合，那么，它就不得不面对自然与社会的碰撞、不得不在神性与动物性之间徘徊。而且，爱情中最重要的矛盾在于"刹那"和"永恒"的对峙。我们一方面追求爱情的永恒，诸如婚礼上那句经典的誓言"永远相爱，不离不弃"（忘了是谁说过的，类似于：誓言开始的地方，就是背叛的开始），另一方面由于爱情与生活的交融又难免陷入世俗琐碎的平淡，而走向永恒的反面——探寻刹那的"新鲜"。

如何平衡或者缓解"刹那"和"永恒"的矛盾呢？无解，矛盾永远存在。但可以转换思路，就像我曾经写过的：人们总是自嘲人性的贪婪，譬如"追求烟火的绚烂夺目与渴望月光的温婉长明"就是"恰如其分"的表达。而在我看来并不尽然。正如爱情的绽放与平淡，它们固然相互抵触，但也更是相互吸引，而正是这种相互吸引，才使它们在"桥梁"间形成一种"驱动力"，恰恰是这种"驱动力"，使得"桥梁"两端的它们永远魅力的存在。

我的心遗落在了东欧（四）：布拉格的春天

尼采说："当我想以一个词来表达神秘时，我只想到了布拉格。"北岛说："布拉格的美独一无二，特别是夜里，古老的街灯引导夜游者迷失方

　　向。"布拉格，这个全球第一个整座城市被指定为世界文化遗产的城市，浓缩了捷克艺术的精华和历史的悲欢。捷克人习惯于以"小母亲"称呼他们心中的都市——布拉格。"小母亲"一词从捷克语"maticka Praha"直译而来。而生活在布拉格的犹太人也把这个城市称为在欧洲的以色列母亲。游走在跨越十多个世纪各式形态的风格建筑之间，穿越昔日充满复仇情景的拱顶长廊和弯弯曲曲的小巷，漫步查理大桥，看伏尔塔瓦河……一切都是那么神秘梦幻，给人以无限的灵感和激情。

　　布拉格的历史遭遇，滋养了诸如米兰昆德拉这样的作家，反思捷克民族乃至全人类的意态情绪，探索民族战争灾难下，人性中的"自由"与"背叛"，生命的"轻"与"重"、"生"与"死"、"灵"与"肉"等矛盾语境中人类生存的哲学皈依。

　　前世

　　你不是你

　　我不是我

　　再世

　　你也不再是你

我也不再是我

只有这一世

你成为了你

我成为了我

我们都只有这一次

不能预演

不能重来

生存的意义模糊不见

唯有

自我选择

自我塑造

既然选择面前是自由

既然走过之后无法重新回头

得与失便无法比较

轻与重亦不可衡量

但绝不是

承责之重

失责之轻

迷失在肉体中的"轻"让人无所适从

生命无法承受之轻

爱

只有沉入大地

才真切

然而

灵魂与肉体

理智与欲望

相互衬托

相互对峙

颠覆、诱惑

激情亦沉沦

自由与背叛的矛盾永无止境

唯有死亡方能化解

《生命中无法承受之轻》读后感

——无聊的我

我的心遗落在了东欧（五）：历史的天空——巴尔干半岛

"巴尔干"一词来自保加利亚和塞尔维亚境内的巴尔干山，这个词可能来自土耳其语 balkan，意为"林木茂密的山脉"。地理学家使用这个名词的本义是创造一个和意大利半岛、伊比利亚半岛并列的地理名词，用以描述欧洲的东南隅位于亚得里亚海和黑海之间的陆地，并没有政治意涵。随着时间的推移，巴尔干地区从 19 世纪晚期开始政治动荡，巴尔干地区向来存在诸多矛盾，其中既有宗教矛盾，也有领土争端，由于半岛的地缘政治重要性，由此而来的列强干涉致使这一地区的矛盾频繁被放大为战争，因此又有欧洲火药库之称。直到第一次世界大战后，这里建立了南斯拉夫王国，巴尔干一直是世界矛盾的焦点，这一术语逐渐带有地缘政治意义。甚至南斯拉夫在 1991 年 6 月解体后，"巴尔干"一词开始带有负面意义，如"巴尔干化"。由于地理位置，政治因素、多元宗教文化而不断地触发战争，今天我们感受那枪林弹雨的岁月，受创的伤疤依稀可见，然而一切都是历史的见证。

萨格勒布圣马可大教堂

卢布尔雅那

扎达尔圣多纳特教堂

科托尔老城

科托尔老城

科托尔老城

科托尔老城

　　向太阳致敬（"向太阳致敬"与"海之风琴"交相辉映。这个 22 米宽的圆形纪念碑是由 300 块玻璃板所组成，白天日照下可以收集太阳能，据说它所收集的电能可以用来支持整个海港的照明系统，而到了晚上，这里开始上演奇妙的光电效果，加上"海之风琴"悠扬的旋律和日落时分的绝美盛宴，呈现出令人难以置信的光影声光秀。）

无聊之在

如今的巴尔干地区生活宁静平和，在卢布尔雅那的街头，人们载歌载舞，我也被拉入了其中——愿世界永远和平美好。

在千年的古城中掺杂着现代的元素。这是现实和历史的碰撞，现实在历史之中，历史在现实之中。历史是现实的历史，现实是历史的现实。历史在我们的思想中延续。

我在暮色来临之前擦干眼泪
请不要刺穿我的心脏
否则流干了血
我只能拿麻木的灵魂对你
风云散去
卡马兰蔻城堡依然耸立
威尼斯人修建的城门默默无语
戴克里先的陵墓成为圣杜金教堂
海风琴上扬起的歌声

向太阳致敬

我们是否走出了时间

历史并不遥远

它照亮了未来的天空

———无聊的我

2017.5.21

二、沿着德国哲学的足迹

(一) 海德堡的哲学家小路：今天你哲学了吗？

第三次来海德堡，终于踏上了这条哲学家小路 "Philosophenweg"。

这个位于内卡河北岸山坡的哲学家小路，隐藏在密林深处。望着山下蜿蜒的内卡河和对面的耸立的古堡，这条哲学家小路更加的神秘和梦幻了。

这座我最喜欢的德国城市——海德堡——不仅因为她的美丽而著名，还因为海德堡是一座哲学之城。（德国是一个思辨的的民族，重视哲学，在 19 世纪的德国，很多专业在进入专业学期之前必须研修哲学）诸多的文学家、思想家都毕业或是授课于海德堡大学，而这条哲学家小路就是他们散步和萌发灵感的地方。

你可知道，19 世纪初著名的德国诗人艾兴多夫（Eichendorff）（1788—1857）和荷尔德林（Hölderlin）（1770—1843）就经常在这里散步。

路边有一处纪念荷尔德林的石碑，上面刻着他的著名诗篇《海德堡颂歌》。

Lange lieb

ich dich schon,

möchte dich,

mir zur Lust,

Mutter nennen,

und dir schenken ein kunstlos Lied,

Du,

    der Vaterlandsstädte Ländlichschönste,

    so viel ich sah.

——Hölderlin

    我爱你那么久

    我愿按照我的兴趣

    把你叫作母亲

    并献给你一首质朴的歌。

    我祖国美丽的城市啊

    我深情地望着你……

——荷尔德林（笔者译）

    这个创立了德国文学的浪漫派，开启了德国文学一个时代的诗人为我们留下了无数令人深思的诗篇，那句"人诗意地栖居在大地上"，通过诗歌获得心灵的解放与自由，深化了海德格尔的哲学思考，海德格尔借诠释荷尔德林的诗来解读存在主义，又以存在的维度解读诗。

    在路边的"哲学家小花园"中，还有一块艾兴多夫的纪念碑，

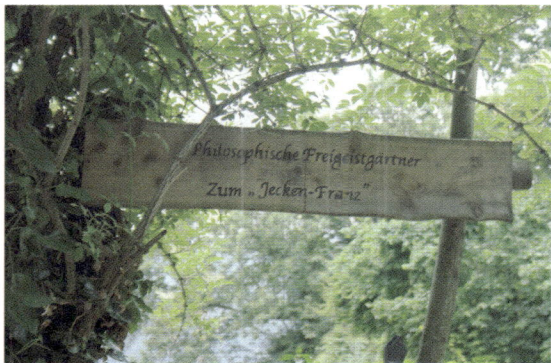

上面刻着他的一首短诗：

Schläft ein Lied in allen Dingen,

Die da träumen fort und fort,

Und die Welt hebt an zu singen,

Triffst Du nur das Zauberwort.

（Eichendorff）

在万物中沉睡着一首歌

它在梦里不断地前行

于是世界开始吟唱

而只有你与魔咒相遇

——艾兴多夫（笔者译）

（注：这被理解为：站到哲学的高度，你就会找到解读世界之"魔咒"！）

在这条哲学家小路上，曾经还有黑格尔的足迹。1816—1818年间，黑格尔在海德堡大学任教，经常在这条小路上散步，与同事朋友一起讨论哲学问题。就是在海德堡时期，黑格尔建构了他的哲学体系。此外，还有雅斯贝斯、哈贝马斯、马克斯韦伯、歌德、马克·吐温等人，也都曾在任教于海德堡大学期间，将思想的足迹留在这条小路上。走在这条路上，微风吹起，绿草浮动，我仿佛置身在他们周围。

在路旁的一个花园的门口，竖着一只向上平伸的手掌模型，掌心里写着简单的一句话："Heute schon Philoso-phiert？"直译过来是："今天已经哲学过了吗？"

今天你哲学了吗？这句话真有意思。将"哲学"的名词动词化，蕴含着

哲学的动态性。总有人问我，"哲学到底是什么？"其实我也不懂，而且我常常怀疑哲学的入口是否向我真正的打开过。但我会觉得，它是看不见的思想在这世间流动着，只要我不断地思考，它就会偶尔的"显现"，让我从蒙昧走向澄明。

今天你哲学了吗？（Heute schon philosophiert?）2017.6.21

（二）在叔本华墓前的沉思

清晨散步，来到了法兰克福市区北部的中央公墓（Hauptfriedhof），这里占地40万平方米，幽静深邃，埋葬了从15世纪以来的德国贵族、教会首领和普通市民。

站在德国著名的悲观主义哲学家叔本华（Arthur Schopenhauer 1788—1860）的墓前，久久不肯离去。我哀悼这位用一生的孤独作为代价换给后人幸福享受人生智慧的哲人。我通过对他个人经历和作品的简单了解串起他的一生，此时他的人生波澜壮阔般地展现在我的头脑里，而他却早已经永远安静地躺在这里了。

我没有奢望能有一场穿越时空的对话。我只想着他能如此的宁静，心里就异常的安慰。这个他所理解的意志的表象的世界依然这么呈现着，只是早已与他"毫无关联"。对于他又何尝不是一种解脱呢。他再也不用沉哀于家庭的悲剧而憎恨和厌恶女人；他也不用孤独地敌视黑格尔，他更不会在痛苦和无聊中摇摆了。他经历的内心所有冲突、挣扎、斗争……都因他的死而化为乌有，暴风雨般的人生在死中归于平静。也许死对于他才是真正的艺术，在死亡的这种审美中，灵魂再无意志，再无欲望，于是遗忘了痛苦。

死亡真是完美啊，只有死亡才能诠释永恒。我想着我爱着的人们有一些已经如同这般的安息了，一些将来也会如同这般的安息，当然其中一定也会有他们爱着的我如同这般的安息。那时世界再无实体的我们，只剩下因爱和美好的记忆而汇集的非实体形式在这片天空中回响。

2017.3.12

（三）法兰克福大学哲学系

哲学系：法兰克福大学哲学系历史悠久，在这里不仅培养了19世纪著名的哲学家叔本华，还有就是在20世纪20年代成长起来的"法兰克福学派"成员马克斯·霍克海默，弗里德里希·波洛克，莱奥·勒文索尔和西奥多·W.阿多诺。

法兰克福大学哲学系在德国大学中算是比较大的哲学研

究机构，共有 8 位教授，总共 40 位教师。研究涉及美学、认识论、伦理学、哲学史、逻辑学、形而上学、精神哲学、政治哲学、宗教哲学、社会哲学和语言哲学。其中教授有：Barz, Wolfgang（主要研究理论哲学）、Buddensiek, Friedemann（古典哲学）、Fuhrmann, André（逻辑学）、Honneth, Axel（社会哲学）、Lutz-Bachmann, Matthias（中世纪哲学和实践哲学）、Menke, Christoph（实践哲学）、Merker, Barbara（语言哲学和伦理学）、Seel, Martin（理论哲学）、Willaschek, Marcus（现代哲学）。

德国大学教授席位有严格的限制，实行教授讲座制，通常一个讲座只有一名教授。而且教授聘任制度非常严格，只有当教授因故空出席位时，才需要招聘，申请教授的职位要通过竞争，并且有十分严格的聘任程序。想起之前那些德国著名的哲学家，诸如海德格尔等人也都是为了在大学中获得教授席位而四处奔波的。

法兰克福大学哲学系的教授中比较熟知的是 Honneth, Axel（霍耐特），他是法兰克福学派第三代的代表人物，还有就是我的合作导师 Menke, Christoph（门克）。当然他们每个人都非常优秀，他们虽各自有其重点的研究领域，但非常注重交叉研究，譬如我的合作导师 Menke（门克）就跨美学、伦理学、历史哲学、政治哲学、社会哲学。我上学期上过 Seel 的一门本科课《哲学导论》，从古希腊哲学到德国古典哲学，从欧陆哲学到英美分析哲学，每节课都满满的知识量。而且每学期除了基础误程以外，还设有大量的讲座和专题讨论。有趣的是无论是基本课程还是讲座和研讨会，都不仅有年轻的学生，还有很多中老年的哲学爱好者参加，满眼过去白发苍苍、孜孜不倦，很令人钦佩和感动。

哲学咖啡屋：在法兰克福大学哲学系那一层有一个咖啡屋。小而藏书丰富，且有很浓重的文化气息。但经常有女权主义者在那里聚集，发表激进言论。我对女权主义不感兴趣。我虽然知道现在的世界仍然处于男权统治的世界。我也知道女人几乎是被拦在背景后面。只是这样的社会文化要得到根本性的转变犹如……没有什么语言能够形容。

只是需要懂得女人不能把人生的幸福完全寄托在男人身上，以牺牲自我为代价来成全这些被"权力"和"金钱"异化的男人，是不值得的。女人自立的同时，在有限范围内做到心灵的自我解放，享受上天赋予女性的性别魅力，多好。

Normative Ordnung 规范秩序

"Normative Ordnung 规范秩序"是除了法兰克福大学哲学系以外的研究机构，也在 westend 校区。这是一个跨学科的研究机构，涉及哲学、历史学、政治学、法律和人类学、经济学、神学和社会学科学。这个研究机构试图通过多角度的融合，形成人们生活的更好的"规范秩序"。

"Normative Ordnung"（规范秩序）可以说是作为一个问题放在这里。其实它是一个社会学的基本问题，当然实践哲学也以这个为基本问

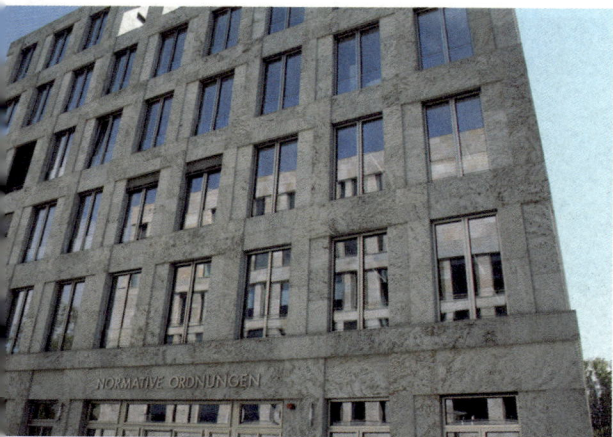

题。譬如我的导师门克教授在去年就欧洲难民问题，撰写了《回到阿伦特——难民和人权危机》的文章。Normative Ordnung 规范秩序作为"Recht-fertigung"一个可以解释的秩序理解。这是历史的原因，它表示一个确定的合法性，在其中有各种各样的规范和价值（譬如道德、法律、宗教等）交织在一起产生某种张力。这些秩序从确定的规范中获得合法性，并产生自己标准，即自己的规范，而且始终处于一种动态性。

我们生活处在一个巨大而又迅速的社会变革时期。在全球化和新技术可能性时期是否有合法的社会规范，在资源不断稀缺、气候变化、军事冲突的情况下是否有新的世界秩序，对于我们是新的挑战。传统的秩序已经不能回答这样的问题了。当今世界不同的文化和传统要求而且必须产生一个超越国界的、有效的规范和制度。在这里这些精神科学和社会科学家们的任务就是分析这些过程，即在规范秩序下。他们不是将这样的过程和冲突看作事实或者实证的描述现象，而是更多地提出规范性的观点，即在相互对峙中、争辩中重新集合成新的观点。在他们眼中只有在规范的层面上才能揭示当前的动态性，才能解释动荡和冲突的影响。

知识的身体

越夜越孤独。这是法兰克福大学的一个标志，叫作"the body of knowledge"（知识的身体）。由各种语言符号组成，象征着多元文化。这种文化或者说精神与身体的结合，让文化有了实体的支撑，使一切获得都不虚妄。只是他伫立在夜里，夺目却也格外的孤独。此时我想到了海德格尔的那句话："孤独只存在于唯一的一个地方，在这里思想者和诗人用人类

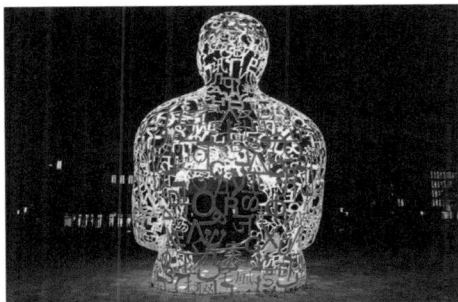

的财富来支撑存在。"

学校明天就开学了，其实放假期间学校各个图书馆都没有放假，当然人也没有空。德意志民族是一个勤奋的民族。我喜欢勤奋，我喜欢勤奋甚至超过那闪闪发光的灵性。我那些崇拜和挚爱的哲人们啊，累累时光促成他们内心的智慧和强大……

（四）推不倒的柏林墙

柏林墙（Berlin Wall），正式名称为反法西斯防卫墙，于 1961 年 8 月 13 日始建，全长 155 公里。柏林墙最初是以铁丝网和砖石为材料的边防围墙，后期加固为由瞭望塔、混凝土墙、开放地带以及反车辆壕沟组成的边防设施。柏林墙是德意志民主共和国（简称民主德国或东德）在乙方领土上建立环绕西柏林边境的边防系统，这条边界将实行民主和资本主义制度的西柏林包围，使之与实行共产主义制度的东柏林以及周边的东德乡村隔绝开来。目的是阻止民主德国（含首都东柏林）和德意志联邦共和国（简称联邦德国或西德）所属的西柏林之间人员的自由往来。

据统计，柏林墙地带总共有 253 个瞭望台、135 个碉堡、270 个警犬基地，还挖有 108 公里的防汽车壕。即便如此，柏林墙从建立那一天开始，就见证了逃跑与反逃跑的惨烈较量，给东西方冷战作了最生动的注解。自从柏林墙建立后，有人采用跳楼、挖地道、游泳、自制潜水艇、热气球等方式翻越柏林墙，据统计共有 5043 人成功地逃入西柏林，3221 人被逮捕，239 人死亡，260 人受伤。因此这些也让西方资本主义不断地以此为把柄，诟病东德时期的专政。肯尼迪就曾站在柏林墙前说："自由有许多困难，民主亦非完美，然而我们从未建造一堵墙把我们的人民关在里面……"

1989 年 11 月 9 日，民主德国政府宣布允许公民申请访问联邦德国以及西柏林，柏林墙被迫开放。当晚，人们潮水般地涌向联邦德国。1990 年 6 月，民主德国政府正式决定拆除柏林墙。

现在的柏林墙由柏林墙遗址纪念公园和世界上最大的露天画廊——东边画廊构成。

柏林墙遗址纪念公园

墙上的照片纪念当年为翻阅柏林墙而丧命的人们

最出名的这幅——昂纳克（前东德领导人）和勃列日涅夫（前苏共第一书记）接吻的画面（这种讽刺很刺骨啊）这是莫斯科艺术家德米特里·弗鲁贝尔（Dmitri Vrubel）的作品

柏林墙的另一段是东边画廊（1316 米的柏林墙）。这里汇聚了 1990 年 9 月 28 日东西德统一后来自世界各国艺术家（21 个国家的 180 位艺术家）风格各异的创作。

站在柏林墙边，我迷茫了。看着逃亡的死难者照片，想象着他们对"民主和自由"的向往。眼前浮现着东德政治影片《再见列宁》、《窃听风云》中的画面。

一堵柏林墙隔着东西方，隔着社会主义和资本主义，还有就是隔着两种不同的哲学世界观。

去年 12 月份左右受一位老师的委托撰写一篇关于《民主德国时期的新马克思主义》的文章。这是我写作以来最艰难的一次。且不说浩如烟海的资料和自己在这方面知识的薄弱，以及对于政治的非敏感度，就单凭资料作者所占政治立场的不同而观点不同，就让我很难从中形成自己的基本观点。

战后民主德国的马克思—列宁主义哲学与资本主义国家，尤其是联邦德国的"资产阶级哲学"（民主德国时期，把存在主义、生命哲学、实证主义科学视为资产阶级哲学）相对峙。

民主德国马克思—列宁主义哲学认为要阐明资产阶级世界观的不合时宜性，同时回答新时期提出的新的要求。民主德国马克思主义哲学的工作者试图揭示各种哲学流派所反映的阶级本质；驳回他们对辩证—历史唯物主义和工人阶级哲学的攻击……

而这一时期在资产阶级哲学学者看来，民主德国因为政治原因依据苏联的模式，其哲学是以马克思、恩格斯创立的，被列宁发展的马克思—列宁主义哲学为基础的，所以使用"马克思—列宁主义哲学"的概念，民主德国的马克思—列宁主义哲学是政党统治的工具。资产阶级学者把这种哲学称为"干部哲学"（Kaderphilosophie）。资产阶级学者认为：马克思—列宁主义哲学主要与哲学传统线路即"浪漫主义—生命哲学—存在主义"对峙。其次与"实证主义"对峙，"实证概念"被马克思—列宁主义哲学误解，无区别的使用，而是作为"经验主义—逻辑经验主义—批判的理性主义—分析哲学"的综合概念。还有与"哲学的修正主义"对峙，他们认为民主德国的马克思—列宁主义哲学（干部哲学）排斥一切与其政党不一致的非马克思哲学根源的哲学，把与其政党不一致的非马克思哲学根源的哲学都视为"修正主义"。从传统的社会民主修正主义到右倾趋势，从卢卡奇、科尔施早期对马克思教条主义的批判到法兰克福学派，从存在主义的马克思主义到南斯拉夫实践派、布洛赫的希望哲学、结构主义的马克思主义……

这就是民主德国时期，敌对思想在哲学领域的交流和激荡。

我一直思考着，我如何在这样的对峙中明确自己的观点呢？柏林墙的倒塌是否代表真正的自由之美？我是否应该坚持民主德国时期理解的"马克思主义"，还是否定马克思主义、否定那段历史，更或是在马克思主义的立场上去诟病自己呢？

思考了很久，原来是我自己误解了马克思主义哲学。作为一个马克思主义哲学的研究者不能为了站在所谓的"马克思主义"立场而为"误解"辩护。马克思主义哲学博大且包容。民主德国时期无论是马克思主义哲学被误读的极端化，还是狭隘的排斥其他哲学思想，都是对马克思主义哲学提出的新挑战，新问题，新思考。它本身被误读，被误解，走了弯路，而这恰恰需要马克思主义哲学自己来救赎。

我们应该多元地审视。柏林墙阻隔是文化的相容，马克思哲学从来都是宽容的，他的使命是改变世界。"哲学家们只是用不同的方式解释世界，而问题在于改变世界。"

在柏林的洪堡大学，这所培养出马克思、恩格斯及费希特、黑格尔、费尔巴哈、叔本华、谢林、本雅明、爱因斯坦、海涅、格林兄弟、俾斯麦、李卜克内西等世界名人和29位诺贝尔奖得主的大学把马克思的名言作为其校训。"哲学家们只是用不同的方式解释世界，而问题在于改变世界。"（Die Philosophen haben die Welt nur verschieden interpretiert, es kommt aber darauf an, sie zu verändern.）

站在柏林洪堡大学校训的面前，看着马克思的这句话，我的心情无比的激动。

有形的柏林墙被推到了，而意识中的柏林墙还在。马克思的幽灵飘在上空，他为我们的践行指引着方向。

知道我有多爱他吗？请看我深情的表情。

（五）我在马克思的故乡

今天我来到了摩泽尔河岸、德国最老的具有浓郁的历史和文化氛围的古城——特里尔（Trier）。

尼格拉城门（Porta Nigra）
建于 180 年，古罗马时期

特里尔主教堂

君士坦丁巴西利卡（Kon-
stantinBasilika 古罗马遗迹）

　　最重要的是，在这里199年前曾诞生了千年最伟大的思想家、哲学家，给人类文明带来巨大精神财富的人物——卡尔·马克思。而这之后的一段时间，马克思主义诞生、世界无产阶级运动在他的思想引领下风起云涌……他的理论给后人留下了无尽的思想源泉。而现在一个在信仰马克思的国度里的小小的我也在兜兜转转后"走进"了他的世界。

　　马克思用一生的执着选择了"为共产主义事业而奋斗"的荆棘之路。位于特里尔市中心的布吕肯大街（Brückstraße）10号的马克思故居是建于1727年的巴洛克式的建筑。现在是作为马克思的生平和事业的展览馆。在马克思故居前，我又想起致力于研究马克思思想的张奎良先生对我说过的，他当年来到特里尔的马克思故居时曾激动得留下了眼泪……那情境让我记忆犹新，同样的也是一份执着，于我却是不同寻常的激励。

　　我驻足在马克思故居前，想象着马克思当年在这里的情境。想象着他一边读书、一边做笔记，想象着他与燕妮一起散步在这座古城里，情意绵绵……

　　马克思思想博大精深，它勤奋好学，精通德语、英语、法语、俄语、意大利语、拉丁语和希腊语，读书范围涉猎了政治、经济、历史、语言、

宗教、文学艺术、自然科学等。为了一部《资本论》写作，马克思阅读了
1500 本书，巨著的厚重和深刻可想而知。

前些天我在一个漫画书上看到这个经典的图片，觉得很有意思，也在
这里分享。

马克思：既然未来的设计和所有时代的完成都不是我们的事，那么越来越肯定的是，我们
当下能够做到的就是，我的意思是，让我们对现存事物进行无情地批判吧。（马克思这里"无情
地批判"就在于不用害怕结果和与权力的冲突）

还有一幅相同的漫画，配的是不同的对话。

恩格斯：我亲爱的，你应该死在我的前面，我好掌管你的遗物。
马克思：谢谢，我忠诚的朋友，我还要活好多年呢（意思是，且等着吧，嘿嘿）

　　我不想去说马克思与我们这个时代的意义，这个毋庸置疑。在马克思研究中，我侧重通过"概念"探寻他的思想脉络，尽管马克思很少如德国古典哲学家那样通过使用规范性的概念建构体系。马克思哲学的核心是以哲学的方式对待世界，即前提性的批判，对思想本身的反思，即探究"得以可能"的前提条件。……两年来最引起我关注的就是"马克思的现实观"，并浅显的对马克思"现实性"理论的现实意义最直接的当下的阐释："如何切中中国社会现实"。然而路途依旧艰难。但如马克思所说："在科学上没有平坦的大道，只有不畏艰险沿着陡峭山路攀登的人，才有希望达到光辉的顶点。"

　　　　　　　　　　　　　　　　　　　　　　2017-7-23

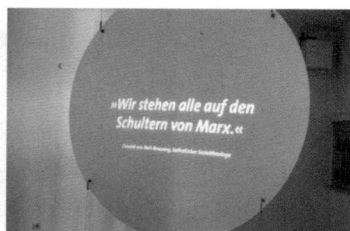

（六）人生如一场修行，唯有痛苦方能净化——参观叔本华
遗物馆

　　叔本华（Arthur Schopenhauer，1788—1860）的手稿及遗物收藏在法兰
克福大学的中央图书馆里。每周三预约展示。

　　如我之前所说，我特别喜欢看大师们的手稿，尽管根本辨认不出来。
但每次看到手写的勾勾抹抹，我都仿佛看见他们静静地思考着，或坐或
走，但手边随意的勾勒，复制着思想的灵动……

　　叔本华 30 岁就完成的《作为意志和表象的世界》，这部受印度哲学的
影响，集认识论、自然哲学、美学、伦理学于一体的著作已经构成了他哲
学思想的核心。

他受康德哲学的影响，将"物自体"（Das Ding an sich）看成 Wille，且终其一生围绕着 Wille 展开，Wille 翻译成"意志"、"意愿"。但这个"意志"与人的认知、目的、计划有关的心理状态无关，而是超越时空因果的本源，一种"意欲"，但理性和知识都从属于它，这个无法捕捉的、既不满足也不停止的"意欲"却不顾一切地通过时空间的表象世界客体化。

意欲在人身上的客体化表现为欲望，所以意欲是无法满足的深渊，生命是一团欲望，欲望不满足便痛苦，满足了便无聊。所以意欲的支配最终导致人生的虚无和痛苦，即"人在痛苦和无聊中摇摆"。只有人从自身的欲望中解脱出来方能拯救。

但他并不否认存在幸福和快乐。叔本华对幸福、健康、财富、名声、荣誉等都做了阐释，让人们从中体会智慧，愉快地度过一生。叔本华把幸福与否基本因素归因于"身内之物"，即内在的素质：健康、力量、外貌、气质、道德品格、精神智力及其潜在发展，而诸如财产、名誉、地位等为"身外之物"。因为"幸福"是一个主观的感受，是人的感情、意欲和思想的产物，相对于这些而言，"身外之物"只是间接地发挥影响。一个人区别于另一个人的特质是他对事物不同的理解、情感和意欲活动的个性色彩。当然幸福的定义不同，但人的精神能力的范围决定了他领略快乐层次的能力。宁静愉悦的内心，清晰深刻的精神，温和节制的意欲以及由此而沉淀的向善的良心都是财富和地位无法取代的。所以，主体的美好素质（高贵的品格、良好的智力、愉快的性情和健康的体魄），享受卓越的精神个性所带来的乐趣就是真正的幸福。

叔本华把一生都献给了真理的追求。然而到了晚年才受到了关注。他在《附录和补遗》（1850）的末尾写道："此刻的我站在路的尽头，老迈的头颅已经无力承受月桂花环"。1859 年叔本华又在《作为意志和表象的世界》的"序言"中写道："当这本书第一版问世时，我才 30 岁，看到第三版时却不能早于 72 岁。总算我在彼得拉克的名句中找到了安慰：谁要是走了一整天，傍晚走到了，那也该满足了"。

在我看来，叔本华用一生理智的孤独，在灵魂深处透析人生，探索事物的本质，换给后人"幸福"的真理。这一切是他自己站在意欲的边缘，对意欲的拥有做了明晰和深刻的洞察，因其看到了世界的本来面目，所以是站在最痛苦处的体会。

只是在这里我有一个困惑，幸福在于修身养性，即叔本华的"身内之物"，要不断地节制欲望。那么既然"欲望"是客体化的意欲，那应该是永远存在的。那么人在克服本身拥有的特质时需要何种力量？而且克制欲望需要首先了解欲望，而在我看来，越能察觉这种欲望的人，就越能感受到生命的痛苦。这又何谈幸福呢？难道人生真如一场修行，唯有痛苦方能净化？

2017.07.26

（七）诗意地栖居：海德格尔的小屋

这世间有些事情终究是没有缘由的，或许有，自己也说不清楚。譬如有些人你并不了解他，也未必能读懂他，更或许他还有些"罪恶"，但你就是会被他牵引。海德格尔就是那样的人。

说句心里话海德格尔长得不帅，身高也才 1.63 米，甚至还有些阴险的"坏"像，但他的文字、思想总会让人忽略这些，就像当年美丽聪慧的阿伦特迷失在他的思想里，一爱就是一生。

海德格尔是 20 世纪最杰出的哲学家之一，他的研究涉及哲学、神学、政治哲学、社会学、美学和科技哲学。"他生命中绽放的是整个 20 世纪人类的激情和灾难。"其实海德格尔的文字我读的并不多，体会的也不深。还是在写博士论文和博士后出站报告时读过他早期的一些文本，譬如《形式显示的现象学：海德格尔早期弗莱堡文选》、《对亚里士多德的现象学解释》和《存在与时间》的部分内容，并撰写了一篇相关的文章《新现象学视域下的海德格尔早期"情境"思想探析》，大致从新

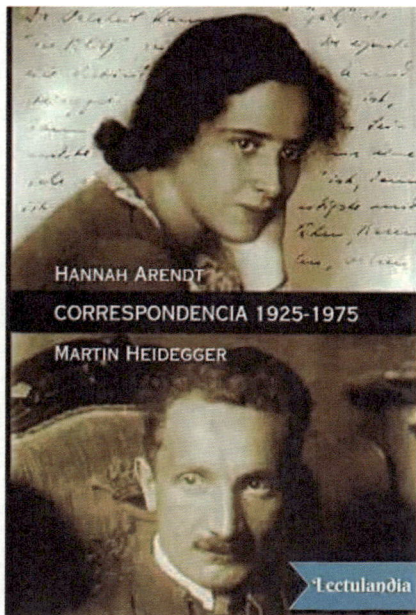

现象学家赫尔曼·施密茨的"情境理论"入手追溯海德格尔早期的"情境"
思想。试图揭示海德格尔从 Ereignis"入境",再通过 Sorgen 的意蕴性呈
现出初步的逻辑构境图景。即事物之间的意蕴关联构成情境,在其中体
现世界的意蕴,事物之间的意蕴。世界就是一个情境,事物的意义在情
境中生成,在情境中时间时间化,空间空间化,世界世界化,物物化。
海德格尔开辟了一个新的思想,一种非对象的思,一种诗性的哲思,这
种非对象性的思强调的是不以单个的对象或整体性的对象而思,而是听
从"情境"的召唤,在"情境"的交互中生成。原初的事物(感觉事物)
意义最终也就是世界,海德格尔将"原初的直观"和"生活世界"置于
首位。海德格尔的这种"返回",是回溯也是上升。而这些就是新现象
学情境理论的思想源泉。

而晚期关于"从本有而来"的《哲学论稿》我还没来得及认真的研究,

就开始为马克思而备课了。但海德格尔的文字留给我的那份感觉总还在。那就是只要你不小心读到了，就会不知不觉地被他带进他的幽密森林，走一步还想接着走，越走越深，越深越黑，但你也不想回头，似乎看见不远处有些光亮，然而还来不及走近，眨眼间那个光亮就没有了，你有些困惑，但没有停止脚步，你坚信光亮还在，只是怀疑自己的眼睛模糊了，于是你继续坚定地走，继续地走，心里却越来越笃定：你相信有一天你还会看见那个光，哪怕是微弱的。

这似乎很像他阐释的"林中路"："它又是一条归隐的路，它是危险的，因为它不'存在'，踏上的是茫茫不归路。"

21 日从法兰克福到了弗莱堡。22 日早晨，我一个人从弗莱堡火车站先坐火车到了
Kirchzarten 小镇，又在那里转车，BUS 沿着盘山路开了将近 50 分钟才到了 Todtnauberg
Sternen,Todtnau. 下车我又向上攀爬了 2 公里，终于到了海德格尔的小屋。

今天我就来到了他的幽密森林，他的山中屋、他的林中路。有谁能体
会我此时的感受啊！

1922 年作为弗莱堡大学讲师的海德格尔就在德国黑森林南部托特瑙
山（Todtnauberg）为自己建造了一间十分简陋的小木屋。这间小木屋位于
海拔 1150 米的 V 字形峡谷中，地势偏远，小木屋的后面是森林，两侧有
树丛，前面则是片开阔的草地。

我站在这里，想象着海德格尔当年俯瞰峡谷，远眺阿尔卑斯山的
画面。

森林伸延，溪流冲击，
岩石坚守，雾霭弥漫。
草原等待，泉水涌出，
风驻留，祝福冥思。
（海德格尔《诗人哲学家》）

小屋附近围着栅栏，写着"私人小路，禁止入内"，但我远远的看见小屋旁好像有人，我便喊着"打扰了"，一位大约三四十岁的女人走过来，我向她介绍了自己，并真诚的表达了我对海德格尔的热爱，她竟然破例让我进去，还帮我拍了照片。

　　就是在这间小木屋里，伴着脑海里绿衣女人的身影，海德格尔融入最切近的原始自然，"群山无言地庄重，岩石原始地坚硬，杉树缓慢精心地生长，花朵怒放约草地绚丽而又朴素的光彩，漫长的秋夜山溪的奔涌，积雪的平原肃穆的单一"的地方心灵隐居地创作了《存在与时间》、《林中路》、《人诗意地居住》、《在通向语言的途中》、《荷尔德林诗的阐释》、《从本有而来》……他说这是最适合思考的地方，在这里"追问单纯而富有实质性……类似农夫劳作的自然过程……我的工

作就是这样扎根于南黑森林，扎根于这里的农民几百年来未曾变化的生活的那种不可替代的大地的根基。"（引自海德格尔的散文《我为什么住在乡下》）

他反转以往西方哲学"精神活动"的根基，回归生活世界，以人们日常生存状态（牵挂、操劳、畏惧……）为核心，为存在在时间中找到了支点：人"从沉沦中绽出"，永远在生成之中，只有死亡，才能使存在终结，所以人"向死而生"。

就是在这间小木屋里，海德格尔沉湎于荷尔德林的作品，理解"诗意地栖居"是人与世界最原初的碰撞，宁静的大自然和人们辛勤的劳作，以及心里无声的旋律构建了美好的情境，在其中意蕴如花朵般绽放而生，世界于是呈现出别样的生机。就像他说过的"我自己从来不观察这里的风景，我只是在季节变化之间，日夜体会它每一个时刻的变化。"

在我看来，正因为海德格尔理解的"存在"具有原初统一的完整性，所以存在之思是诗性的，所以诗是最接近"事情本身"的。最近这半年我也读了很多诗，我读荷尔德林、我读保罗策兰、我读海子……我深切的体会到：没有巨大的生命力量把自己完全抛给本源、自然和孤独体验的人是做不了诗人的。

沿途的风景实在是太美了，我终于理解为什么海德格尔在这里盖屋、思考、散步、写作了。

（因为没有同伴，我一直盼着有路人经过帮我拍照留念，然而足足等了半个多小时才看见一
对夫妇，和一只狗狗……）

　　生命存在，生活的意义却只有在自己的践行中解蔽。我躺在草地上，闭上眼睛，我在无限
之中，风抱着我，绿色温润着我，潮湿的空气亲吻着我。我在自然里、自然在我这里，此时此
刻没有我也没有了自然，我与我的一切构建了某种情境：我醒着体会睡了的感觉，活着体会死
了的感觉。

第四章　无聊的镜像

（一）论摄影作品中自然风景与人物的和谐与冲突

我爱摄影，我喜欢看到一幅画面时自动构图和剪裁，观察其颜色和层次布局，自觉寻找画面中的主体和体会其情境中的意蕴。

对于摄影我很少涉及"社会文化"主题，因为一方面，它需要摄影师有很深的文化底蕴和对社会事件敏锐、深刻的把握。另一方面，对于社会事件更容易倾注个人情感，那么作品就会有强烈的主观性。我也很少拍摄人物特写，因为我觉得，以主体的视角拍摄人物，即把具有丰富性的人物作为客体把握，而人物鲜明的特质需要长期观察，并且他（她）不作为稳定性的样态凸显，那么瞬间的捕捉同样对摄影师有极高的要求。所以我喜欢拍摄自然风景，自然风景的稳定性意蕴容易被摄影师把握，那么画面主体、意蕴（主题）、构图会一气呵成。

对于自然风景的拍摄，画面的和谐或者说人与自然的和谐，我把它界定在：主体的突出和意蕴的自我呈现。如果在自然风景中人物不是自然地融入，而是刻意地以游客的方式出现，就会有一种突兀感，除非你想表达"到此一游"的主题。而且每幅画面情境都在自我呈现其意义。在大气恢宏的自然风景中，人物必须以谦卑渺小的姿态出现；如果人物置于自然风景中一定要作为主体突出，那么风景必须作为背景衬托，而绝不能压过人物主体的风头，所以特写时，背景虚化是有必要的。

我用摄影记录体验，我用生命完成审美。

（二）光是摄影的灵魂

摄影是光的艺术，是光与影的交织，只有光才能让画面呈现出层次感，才有了饱满的色彩和立体的线条。我喜欢一直观察镜头里的画面作比较，然后确定最想表达的那一幕，是明快还是忧郁；是生机勃勃还是宁静含蓄。

我最爱黄昏的光线，它经历了一天的"否定之否定"，到这一刻历练成了最成熟、最充沛、最饱满的温柔……所以画面最具情感。

只要有太阳，哪怕最幽暗的地方也能折射出美丽的光辉。

（三）摄影是一种精神气质

摄影是一种精神气质。摄影是客观技术与主体体验的融合，在专业相机的支撑下，延展了摄影艺术。所以审美意识更应该将精神气质在现代技术中凸显自己，而不是被其所淹没。

通过感性的瞬间，又超越感性，将摄影师的精神气质赋予作品生命的"呼吸"，跳跃的"灵魂"，并在作品中呈现自身。让它不断地散发着"自信"的光芒，并且不断地将实体的形式否定、吞没。

精神的内容让摄影作品与生活关联又与生活保持距离。它是摄影师对现实生活的体验，尤其是对"矛盾"的体验和反思，而且这种反思是建立在"批判性"的基础之上。即摄影作品试图在"批判"中对现实生活作出反映。

让我试图在生活的"冲突"和"对立"中审视"丑"与"恶"，并从中解放出来。

（四）用审美的眼光看待生活

普鲁斯特在《追忆似水年华》中揭示出：生活的平淡源于"习惯"，它在我们和生活之间落下了重重的帷幕。

是的，我们因为习以为常而变得麻木。其实我们可以在简单的生活中，体会周围事物的变化和新鲜，并从中得到快乐。譬如路边野花伸展花瓣的姿态，譬如清晨嫩草上灵动的水珠，譬如午后洒进房间的一缕温暖的光线……

还譬如落日和晚霞，你也许因为它每天出现而熟视无睹，你也许因为忙碌疲惫匆匆赶路而视而不见，但其实如果你肯抬头，用充满情感的眼睛去观察它，你会发现它每分每秒都在展现着不一样的自己。它时而摄人心魄，时而温婉动人……但无论如何都散发着迷人的荣光。

我最爱落日和晚霞之美，它让我感受着生命的价值，那种对生活的感激之情每每都袭入心底。而摄影就让我留住了这些瞬间的记忆，并延长了这个记忆。

生活如此美妙，让我们用敏感的心和审美的眼光去感受它吧。

（五）生命的流迹

　　最近尝试着在有限的空间里对动态的事物瞬间性地显示其静止的状态。在稍众即逝中敏感地捕捉到"完美"，需要具备很深的观察和想象的素养，当然还需要"幸运"。我恰巧具备了后者。

　　那天我拿着相机走在河边，水中斑驳的树影已经令我着迷，而远处渐渐游来的鸭子让我突然感觉到它迫近树影时的灵动感和划开水面时的创造感，我紧张着、压抑着，尽量不让情绪影响手的稳定度。果然它慢慢地划开水中的树影，让自己的影子更淋漓的展现，而此时旁边的树影更是烘托它……

　　我不从传统的艺术理解中对摄影进行界定，即是否只是"单纯的复制"或者说"非创造性的发挥"。我只是觉得，瞬间的捕捉就是集作者的灵感与现实的自然"截取"为一体的"创作"。画面呈现的意蕴符合作者的理念，或者说作者精神世界的外化与景物内在特质融合，就是一种艺术的创作。作者把自己的情绪、感受和思考赋予其中，进而表达自我。

　　摄影就是生命的流迹，就是对生活的领悟和体验，就是灵魂的舒展和情感的升华。

第五章　无聊的梦境

对于现实中的不真实，我们常说：像做了一场梦。而当我们做了一场清晰的梦，我们又会说：像真的发生一样。其实也许真实与梦境没有界限，是我梦见了蝴蝶还是蝴蝶梦见了我，我们就游走在真实与虚幻之间。

每天睡觉都做梦，在梦里我展示了人生别样的剧情，黑白调染成了彩色，躲藏的情绪闹剧般的夸张，并从身体里逃逸。梦是最真的现实，我抚摸着它。我把自己移入梦里，在梦里我分裂成无数个我。她们时而分离着，时而交错着。我在我"不在场"的世界里尽情地发生，这种发生与我产生了关系，我甚至被其指引操纵。我对自我的辨认也进入了模糊—清晰—又模糊—又清晰—再度模糊—再度清晰—的复杂循环中。

只是我是梦里的主隹，但却不知道编剧和导演是谁。他们为什么这么设计？目的？暗示？意义？

寻找

我一直在一个山谷中找你，找了很久，每次觉得快要找到时，所有的信息都会突然变得模糊，反反复复。每次似乎都迷失在一个地方，那个地方仿佛又是起点。我在焦虑和恐惧中徘徊，被一个骑着自行车，说着德语的人带到电影院，那是一部发生在第二次世界大战时期的华沙影片，被黑色压低的帽子遮住脸的主人公，手里拿着一封"遗失的信"，按照信的线索在找一个人……我在压抑中逃离了电影院，又面对了那个寂静的、暗淡的、失去你的山谷……

最后我终于在泪水中醒来。

2014.12.29

未来的自己

醒了，终于伴着喘不过气来的胸闷和急促的呼吸，醒了，却再也不敢睡了。

梦见我和两个人一直在奔跑，似乎在寻找什么，最后是站在一条摇摇晃晃的船上。听见有人喊我的名字，我透过玻璃窗，沿着声音传来的方向，我看见了"我"，那个人分明是"我"，但却是年老的我，眼角和嘴角垂坠的线条鲜明的让我心惊……那个人的确是我，还穿着我年轻时最喜欢的那条白色裙子。我跌跌撞撞地走到了"我"的面前，那个"我"问我："你在这做什么，怎么才来？"我还没有缓过神来，随口说了句："瞎忙"。哎……

2015.5.14

佛罗伦萨

黄昏时分，我站在一个古堡的外廊里，向远处眺望，那画面是极美的。我便在身上搜索着我的 Canon，但并没有。我于是交叉着双手，并同时勾起小指，在眼前形成一个"相框"，眯着一只眼睛，那远处高矮不齐的红色屋顶是照片的主体，近处郁郁葱葱的树木被虚化了……像极了当年在佛罗伦萨山顶眺望的那一幕。接着我笑了，笑我的行为，原来我还可以有孩童般的乐趣。

夕阳的光线照着我一半的脸颊，温暖的拥抱着一切，我悠悠的沉寂了一会，突然在余光中发现，几米外，就在这个外廊里还有两个人，一个棕色胡须的男人站在画板前专注地勾勒，作品里的主角就坐在对面，高挺的鼻子，金色卷曲的头发垂在瓷白的胸前……那女人美得有点张扬，但并不吸引我。

不知为什么我突然感觉，我们在同一个画面里，竟不在同一个情境里，毫不相关，毫无影响，是我不应该在这里，还是他们？冲突感让我有些不安，我终于开始寻找，你不在，你竟也不在，我更加恐慌，我隐隐地觉得我心是在这里，而身是虚幻的，我的心与我的身照面，这种感觉让我喘不过气来。我想抽离这里，但我无法做到。

我走出城堡，沿着山间小路拼命地奔跑，有个意念闪过，也许在这个地方应该还有你，我模糊的记得你很多年前给过我你的地址，虽然我并没有去过，……Strasse Nr 123。我想着必须找到你，只有你才能证明我在这里的虚假性。

我不停地跑着，不停地找着，伴着心形分离的恐惧……

终于我被自己的胸闷憋醒了，再也睡不着了，我打开电脑翻找着梦里出现的佛罗伦萨远眺的照片，就是这张，只是梦里的更美。

2015.10.2

梦像

我一直想要进入一个地方，它像一座城堡，却拥有白色透明的玻璃门。无论我采取什么样的方式都进入不了。我反反复复地出发和到达，面对的永远都是正在关闭的门。

2017.01.12 晨

小女孩

梦见一个特别可爱的小女孩，大约只有一岁，黑色的头发有点卷，眼睛的形状像个杏仁，穿着一件淡紫色的 T-shirt，肉嘟嘟的胳膊露在外面。

在梦里，我没有意识她与我之间的关系，她就那么自然的出现在我的生活里，确切地说，出现在我的房子里。她自己在玩，我偶尔看着她，她也会看着我。一阵忙碌之后，我突然发现她消失在我的视线里。我到处寻找，终于在一个房间门口看见她已经爬上了窗台，我脑子里出现了 23 楼的高度，一身冷汗，我不知道怎么走到她的身边。我抓住她的那一瞬间，她已经悬空了。我潮湿的手和她光滑的皮肤没有任何摩擦，我几乎崩溃，唯有意志一点点地凝聚"力量"，支撑着……最终我把她拽了起来，之后她一直在我怀里，直到醒来。

2017.03.22

画房

一直睡到接近中午，想起梦里，一位大师让我画一座房子，通过这座房子来解析我的人生。我记得没有天分的我，很努力地画完了。他和我说了很多，我只记得一句："你的人生对于别人来说就是锦上添花。"

醒后思量，却有些悲凉。

2017.07.08

生死

这一夜，我梦见无数次的死亡和无数次与爱人生离死别。

他先死时，我哭得死去活来，我送他，他慢慢地躺下，躺在冰冷的石台上，告诉我："别哭，来世再见"……有时我先死，我也哭得死去活来，我舍不得这一世的情感……

我生生死死的轮回，却一直停留着记忆，所以我的爱人是同一个人，每一世我都和他相爱。但他每一次被清洗了记忆……

有时我活着等他，有时我刚出生，他已接近中年，还有一次，我醒来后寻找他，他却刚刚死去……

2017.07.12 晨

电梯

我匆忙地走进了电梯，电梯关闭的一瞬间，电梯外"维修"的字样才恍惚中出现在我的脑海里。我来不及出去，它已飞速地行驶了。

行驶过程中它由遮蔽变成了透明，由封闭变成了敞开，我惊恐万分，我看见每一层电梯口都站着一个人，我祈求地向他们伸出手去，有的人默默地看着我，有的人也试图抓住我的手，然而都由于电梯行驶速度太快，我眼睁睁地和他们交错了。我流着眼泪颤抖着，终于在某一层碰到了一个人的手，他紧紧地抓住，但终究未能把我带出来……指尖滑过的瞬间，我注意到他年轻、清瘦、干净和焦虑的脸。

电梯仍旧无情地向上滚动着，慢慢的，眼前的画面变了，不再是有人的我熟悉的环境，一层一层宛如仙境，我记得有一层，天是墨绿色的，湖水也是墨绿色的，水天相连，天空的线条映衬着水中的涟漪，绸缎般的润，透亮的清澈，我陶醉其中……

然而电梯在到达顶点之后开始下落，依旧飞速地行驶，我又倒着重复之前的画面，一层一层，我又看见了天堂般不真实的美景和人间或冷漠或焦虑的脸，但这一次我没有恐惧，也没有把手伸出去……

电梯终于在底层停下了，我被甩了出去，恰好甩到我上电梯前的那个情境里。

2017.10.18

幻影

男人穿着迷你裙，娇羞的向上延展着丝袜；
我把心爱的相机遗落在已经开走的火车上，心里却没有丝毫焦虑；
我见到了 20 年前的老同学，喝着那时的汽水；

我和死去很久的你说着闲话，你头上没有一根白发；

我疑惑着太阳为什么永远不落山，一朵彩色的云跟着我跑；

我说害怕一个人躺着看天空，你说我不是一直在人群中吗？

电梯叫飞行的柜子，只能坐一个人，在你家我家循环；

我坐在电脑前终于破译了几层空间的密码时，

我激动的醒了。

2017.10.03

谋杀

我被谋杀了，带着疑惑我又回来了。

我站在空中楼阁上，着一身洁净的白裙，长长的头发垂在肩上，几缕随风飘逸着，衬着我清瘦的脸，我倚着门看这个世界……这是我见过最美的自己。然而置于人群中，我成了"无形"，只有我自己感受到自己的存在。

时间向前追溯，以最快的速度一幕幕呈现我死亡的整个历程。我看到了那个把我从热气球上推下去的女孩，她短短的头发……此时她在世间落寞着，忧郁着，忙碌着……

我穿梭在人群中，"看见"的不是一张张脸，而是一颗颗鲜活的内心……我有些厌倦了。

我忘记了怨恨，我竟开始数钱，数属于我葬礼的"收获"，并琢磨着这些钱在我新的世界里还能不能用……

2017.12.24

看不到

来到了一个陌生的"国度"，认识了一个陌生的人，他年轻英俊，但非常忧郁。他告诉我他非常痛苦，因为在这个"国度"里他见到的每一个人，那个人今生经历和临死前的状态都会瞬间在他的眼前闪过。

　　他非常喜欢和我在一起，因为他说看不到我的一切，这让他轻松和自在。当然也免不了每次见到我的时候都仔细地观察我并若有所思的疑惑。

　　有一天他实在忍不住愤怒地问我："为什么我能看到这里所有的人为国家奉献的一生和为国家牺牲的一幕，却看不到你的？"

　　我只好假装无辜的站在那里，轻声且胆怯地回答："因为我不是共产党员。"

2018.2.6

这世界混乱的让人着迷

　　与歹徒搏斗了一夜，双手沾满了自己的献血，我在走廊的尽头，那个无数个出口的地方踯躅，你认真地在我背后的衣服上做着数学题，一个微弱的声音徐徐地从客厅传出，那是每天早晨开始的信号，我脑海里浮现"无自我的活动"，还有昨∃"教化"的澄明……这世界混乱的让人着迷。

2018.6.23

第六章　无聊的无聊

酒醉酒醒

半夜两点突然醒来，反思人生、反思自我，发现竟如此"深刻"，追究其因，最后"顿悟"：酒后的清醒是质的飞越。人就是在酒中的混沌与酒后的清晰循环上升中成长。即喝酒—糊涂—酒醒—透彻—再喝酒—再糊涂—再酒醒—再透彻……，人在其浮沉进退、完善自我。

哈尔滨的夏天

在哈尔滨的春天与冬天经历了"暧昧"、"缠绵"、"难舍难分"直至"双双殉情"后，哈尔滨的夏天终于带着轻蔑的微笑，肆无忌惮地跃入了季节的舞台。

蚊子

估计蚊子卫生组织已经破译了人类防蚊产品的成分，接种了"疫苗"的蚊子们向人类发起了猛烈的攻势。昨晚在中央大街才驻足了半个小时，蚊子已经在我的身上插了十多处红旗。

回想人类的每一次进步都伴随着与自然的抗争，人类朋友们，加油吧，我们才是世界的主宰（哈哈，人类中心主义）。不要等到有一天"人化自然"变成"蚊化人类"就可悲了。

遗憾和后悔

有时候会遗憾，当时激动时，为什么没有随性而为；有时候会后悔，当时冲动时，为什么要随性而为。这里不在于"激动"和"冲动"的差别，而在于"遗憾"和"后悔"的情绪。只是无论如何，事后的评估都没有任何意义，意义只在于选择了之后的路上……

取暖

我睁着眼睛躺在被窝里，从 5 点到现在，也不舍得起床，因为我花了一夜的时间才将它捂热。都说盖被子暖和，实际是你先给它取暖，它不过是保护了这个温暖而已，所有的热量都源于你自己。

减肥

决定在过年期间减肥，主要是想测试和分析一下在过年这样的"恶劣"环境下，减肥成果指标与平日的差异。

这种思考类似于在看书和学习时一定要把电视打开，并且放很大声，最好旁边还有一桌人在打麻将。这种"静心"意志与外界"干扰"的竞争对抗越强烈，其之间的纽带拉扯的越紧，就越能激发"静心"的意志能力，最终使这种"静心"彻底从对抗中分离出来。这便进入一种境界了。所以我要在这次过年期间实现本人减肥史上的一次突破。

书

四年前的今天，我把你们带回来，曾经向你们许诺：今后的每一天都捧你们在手心，如珍如宝。而如今，你们在老房子的书柜中顶着满身的灰尘，也许心里绝望的都长满了荒草，而我虽然仍有牵挂，却已经没有了承诺的勇气。

读书

QQ 群里又有朋友有了新年读书计划了：每周一本书。对我有所触动，我是不是也应该用书来填满我空虚乏味的生活呢，于是乎想到应该参加个读书班，因为有对话、互动、碰撞才会有灵感和火花。

这让我突然想起 N 年前在异国他乡我曾参加过一个读书班，每周都坐下来讲心得体会，不过永远都是一本书，我记得书的名字叫《圣经》。

微不足道

一次一次证明着自己的微不足道，就为了让自己放平心态，现在我终于可以坦然的脚踏实地了。

男女之间有没有纯洁的友谊

中午在旦苑食堂吃饭，看到宣传单上，今天晚上复旦大学系际辩论赛决赛，主题是《男女之间有没有纯洁的友谊》。我以为：这场辩论的重心，应该是在辩论"有"还是"没有"之前，首先界定"纯洁"和"友谊"。

好职业

还记得《Friends》里的瑞秋找到一份"买手"的工作时兴奋地说："我终于可以把逛街当成我的职业了。"哦，这是每个女人的梦想。其实"美食家"也不错，把品尝当作职业，或者"影评人"，把看电影当作职业……总之，一切不以其为负担，而是享受其中的职业均是好职业。

黑夜

有人喜欢熬夜，有人喜欢起早，但无论如何，我们都在见证着黑夜，不同的是：你们沉浸的黑夜是我醒来迎接黎明的起点。

习惯

半夜三更坐在书房刷屏，累了就靠在椅背上闭着眼睛休息，再次睁开眼睛时，习惯地在头上寻找眼镜，没找到，于是又在写字台上搜索，没有，地上、书柜上……均没有，反复地在书房寻找，我甚至有点失措。突然头脑一个闪念："你之前一直没带眼镜"，我告诉自己："不可能，我不可能在没有眼镜的情况下，看了这么久的东西"，10分钟过去了，我还是不得不回到卧室，尽管我不相信，但它的确静静地躺在床头柜上。

于是感悟：我们一直以为我们根本无法舍弃的东西，原来只是因为习惯。

雨

从早上到现在雨一直下着，站在阳台，看着雨水激起的涟漪，还是无法回避的一点点地掀开了曾经被迫关闭许久的门，潮水般的涌入让我喘不过气来，清晰、模糊、模糊、清晰……最后发现竟是个未完的符号，是逗号，也是省略号。如今是该画上句号呢？还是将门重新关闭，我踟蹰了。

雨还是一直下着，仿佛心里都浸泡着雨水。拥有的、流逝的、错过的、收获的……都凝结在时间和空间里，这时、那时、此岸、彼岸，到底是空间时间化了，还是时间空间化了，更或是时间时间化了呢？

精神科医师

和一位精神科的心理治疗专家见面，不是去看病，纯粹是学术上的咨询。去之前"推荐人"嘱咐：他是这个研究领域最好的专家，但人"怪怪的"，有点"神经兮兮"的……

和专家聊完后，从他办公室出来，我突然吓了一身冷汗，回想刚才和专家见面的过程，不但没有觉得他"怪怪的"，反而相谈甚欢，难道我也"有问题"，所以与他才有"相通性"。

不对，我能反思"我是否有问题"，那我就是没有问题。哈哈

半夜

总是在半夜时分醒来，是我眷恋黑夜，还是喜欢见证它的蜕变？

坚持

我应该坚持锻炼身体、我应该坚持晚上少吃点、我应该坚持用心做点事……，我突然发现这么多年我唯一坚持的事情就是：不坚持。

否定

今天早上无意中看见宣传单上介绍"西岛"为"中国的马尔代夫"，我对这样的提法一向不满意，中国的景点为什么一定要坠上外国的地名，来增加其"知名度"呢，姑且不说，这样的提法到底增加了谁的知名度，就其本身而言，在我看来，任何模仿和复制，或者企图模仿和复制都是对自身极大的否定。就像我喜欢哈尔滨，不是因为它是"东方莫斯科"，而是因为它是"哈尔滨"。

回国 5 周年

5 年前的今天，我告别留学将近 5 年的德国，回到祖国的怀抱。回想回国后的这 5 年，我孕育了生命，我在学业上不断积累，我拥有了一份挚爱的工作，我在"特殊"的文字中找到了心灵的依托……。可我还是会经常追忆那除了"一纸文凭"和一堆吃喝玩乐的"凭证"外几乎没有什么"实质"收获的留学生活。是不是因为无论现在的生活多么的充实和有意义，它毕竟是一直经历和延续的"此岸"，而那段青春挥洒的岁月是早已被"割断"

的"彼岸"呢？

下面是回国前的一篇日记。

《写在回国前 22 天》

还有 22 天就离开你了，我漂泊了五年多的汉诺威，So 背着相机想留下你最后的影子。飘着雪，白色的汉诺威更清新了。一路走过这条早已不再陌生的路，看着镜头里熟悉的美丽景致，心里莫名的疼痛，清楚地知道这段经历虽然永远属于我，我却永远也回不去了。不敢触碰回忆的门，于是索性放下相机，坐在咖啡屋里，玩弄着手里白色的手机，试图让心灵不再继续沉淀，可手机里的电话簿还是无法逃避地让我的脑海里浮现了你们的画面，提醒我，你们曾在我生命中走过并留下无法磨灭的痕迹。感谢这些我经历过的你们，是你们让我的生命更加深刻。望着窗外，眼泪模糊了视线，记忆却越来越清晰了。

五年的青春，无法替代的历程，生活给予我的太多了，领略浪漫风景的视觉冲击，感受异国文化的心灵激荡。其实又何止这些呢，我学会了生活，学会了忍耐与坚强，怎能忘记每一次面临挑战时把自己逼到最后一秒时的艰辛，怎能忘记每一次成功时的畅快淋漓。真不知怎么感激你，虽然还不够丰富，虽然还有太多的遗憾，但我清楚地知道从今以后每当想起这段时光，心都是幸福的。想到这，眼睛湿润了，心里却是温暖的。

谨以此纪念回国五周年。

真情

"真情"其实与时间长短无关，就像吃过一个蛋糕，你永远忘不了那个味道，但你还是会吃别的蛋糕。"托付"也与值不值得无关，最重要的是真情赋予的时候成就了你我，就像朝云成就了苏轼的诗意人生，苏轼也成全了朝云二十年的爱恋。

尊称

我不是个崇洋媚外的人，但西方人有一点我很赞赏，就是他们在人际交往中称呼对方名字，而中国人在交往中总是冠以"称谓"，当然这是我们固有的文化传统，用以表示尊重。但我觉得，带有"称谓"的交往总是界定了两者之间的关系，束缚了他们之间的有限性。我喜欢别人称呼我的名字，也希望有一天我抛开所有的称谓，譬如，妈，叔，姐，老师……，直接呼唤他们的名字。

师生

朋友在"朋友圈"发了一条微信，说她昨天看望导师时，赫然地发现75岁的老人仍然穿着她多年前为导师织的毛线背心，她百感交集，却无语。看完我竟也热泪盈眶，想起前几日另一位朋友说起也去看望病重的导师，导师握着他的手老泪纵横……

哎……我竟也不知道说什么了……

异化的生活总是用"花边"遮蔽师生间真实的东西。不知那是太阳底下最真挚最平凡的情感。那是老师讲了两个小时的课，连口水都来不及喝，仍为下课后围过来的学生耐心地讲解；那是深夜，筋疲力尽的老师仍为学生的论文逐字逐句地批注；那是老师倾其所有，默默的期许，哪怕有一天学生站在他的肩膀上；那是无论多少年，多么远，老师对学生永远的牵挂……

那是学生对老师的尊重和崇拜；那是无论老师深陷变故，还是久卧病榻，学生对老师的不离不弃；那是学生对老师亦师亦友亦父亦母的深情……

那位老师是幸福的，穿着学生送的背心，一直温暖和感动着，而我亲手为您设计的背包，老师您再也没有机会背起……

读"与女人为敌的哲学家：叔本华和尼采"有感

在我看来他们对女人的这种"厌恶"就是挥之不去的"女人情节"和"自卑"的混合物。对女人的诋毁无不充满着"情绪"，"厌恶"是一种"情绪"，而不是无情绪的"漠视"。正如"爱"的反义词不是"恨"，而是"不爱"。所以尼采虽大呼"是云找女人吗，别忘了带上你的鞭子"，实际上敏感脆弱的他，根本拿不起来鞭子。另外他只用逻辑的方式推断女人，而因缺乏爱的内容，所以根本无法定义"女人"。至于叔本华因变态老妈导致的悲剧人生，我就不想再提了。

过年

又到了欢度春节的时候了，三亚的过年气氛也还是很浓。可鞭炮、彩灯、人群渲染的"热闹"这样的外部气氛总与我内心的状态形成一种"反差感"。

其实我更喜欢平日里因感恩而由内而外构建的气氛。那也许是某个凌晨四点的书房，与文字娓娓地交谈；那也许是某个午后的咖啡厅，坐在对面全神贯注地倾听；那也许是某个夏日，与一闺蜜或几个好友，享受着美味，聊着八卦；那也许是某个下雨天的车里，看雨水在车窗滑落，听着喜欢的 melody；那也许是某日下班后回家，小家伙微笑地跑来；那也许是某个日落后的三亚湾，寂静的沙滩，只能听见海浪的声音和我们的心跳声……

张爱玲与严歌苓

张爱玲在"自我世界"里写世界，"我"即是"世界"。严歌苓走出了"自我世界"写世界，"我"是世界的"边缘"。严固然大气、深刻，但我更喜欢张"自我世界"的沉醉，她在作品里书写自我、感受自我、慰藉自我。

购物

打开衣柜，不得不面对衣服"呼之欲出"的状况了，整理了一上午，没有一件衣服"鲜艳登场"，也没有一件"暗淡退却"，最后只能决定再买个衣柜，下午就去了家具商场，只是，无味的进，无味的出。突然发现离我最爱的商圈很近，于是伴着灿烂的微笑，不假思索地沉浸在自己最爱的"事情"中，直至带着"收获"而归，再次面对家中敞开的衣柜时，才不得不羞愧自己"理性的破碎"。

信誓旦旦地决定，应该要树立起一个新的信念了，让自己既不必压抑感性的冲动，也无须束缚于理性的枷锁。那么这个信念应该什么呢？

是"衣服已经足够的多，无论是品质还是样式都已在前卫"，还是"新款的服装无非是翻新和加缀"等这样的心理暗示？不，这些都不足以。

应该是："我无须用衣服支撑，我可以支撑任何衣服，让它们带着我的标签，因我而魅力展现。"

现实与真实

经常会在意识中出现一幕，那一幕于现实世界是极不真实的，却似乎又是曾经经历过的……

心理诊所

整理文件，才发现已经好几个月没去心理诊所听诊了。自从去年研究"新现象学对心理治疗和精神病治疗的影响"，对精神病领域产生了浓厚的兴趣，而当亲身经历一些临床案例后，那一双双"变异"的表情便在脑海中挥之不去，好奇变成了沉重。

我努力地研究理论，信誓旦旦地想为他们做点事情，而理论与实践的脱节，让我越研究越迷茫。因为当我宣扬哲学主体性和回归人本真的存在等思想时，却遭到了轻蔑和无视，精神病治疗仍然还在借助仪器测量身体指标，对他们进行药物控制。

他们被认为活在另一个世界里，说着不被理解的语言。而在我看来，也许是天使模糊了他们的界限，或者根本就是人类自己草率地界定了"正常"。人类在他们精神极度张扬的时候，用人类自己制造的药物遏制他们通神的欲望，在身体上压抑他们，他们在内与外的抵抗中挣扎得很痛苦。仿佛进入了囚笼，毒气一点点地侵入，磨灭了他们的"灵性"，使他们呆木不堪。就这样人类将他们从高于人类世界的空间（或者说更接近神和上帝的空间）生生地拽到了低于人类世界的空间（地狱）。

我实在无法忍受，又不得不袖手旁观。我匮乏的知识和脆弱的心灵让我深知我的无能为力，有些理论无法观照现实。

让我暂时搁置这个领域的研究，还是让我研究马克思主义哲学吧，这才是正道。如果我还能伸出手去"傍着"诸如"中国梦"这样 popular 的时尚，我想我必定能真正地快乐了。

梁 祝

在哈尔滨音乐厅听小提琴演奏《梁祝》，心化作琴弦被拉扯着……过后在想，如果没有对《梁祝》的前理解，是否会有这样的情绪呢。每每被一些音乐感动的热泪盈眶时，即便是第一次听，脑海里也会有画面呈现，那是零散的记忆串成的画面。所以感动的也许根本不是音乐本身，而是音乐背后或者说人生经历的内容。

厌 食

近期意识到自己对食物失去了兴趣，只有饿与不饿，没有了喜欢和厌恶。这对于一个曾经的吃货来说是极其可怕的，我决定正视这件事情，并挖掘其根源。

我努力地回忆以往为之"疯狂"的美食，通过图片"刺激"，以及亲自考察和验证，我发现我头脑里不知从何时起已经植入一个系统，姑且称它为"健康系统"。在这个系统里有很多子系统，它们分别是"抗癌食品"、"绿色食品"、"高脂肪食品"、"减肥食品"……起初我在饭店里被美食诱惑时，这些数据会"跳出来"以警钟的方式加以告诫，我也会有些挣扎，但后来习惯已经自动搜索"健康食品"，排斥"垃圾食品"了。而偏偏所谓的"健康食品"于我都是非原初的挚爱，所以总是索然无味。时间久了，食物就是食物了，不再是令我快乐的源泉了，至此我含泪摘掉了"吃货"的帽子。

路途读书

加缪这位法国"精神领袖"的散文带着浓重的哲学味。他告诉我们，荒谬就是产生于人对美好的怀念与非理性因素之间的分离，只要人对存在提出疑问，就会产生荒谬的感情，而在这荒谬世界上生活，本身就意味着反叛。

所以我理解，加缪让我们在这冰冷又燃烧的有限世界中使荒谬与反叛"同行"。

梦开始的地方

还记得 2003 年出国前学迹于北大、人大还有北外，那时最喜欢的事情就是坐在未名湖畔，手里拿着书，心里编织着未来的梦。如今曾经的"未来"变成了"现在"这个时间截面，而就"现在"而言的"未来"，我却无心再去建构。那个构梦的欲望已经逐步消逝在"使之成为现实"的路上。所以我是如此地怀念那个除了梦想一无所有、除了自己一无所知的"过去"。

手写

不知从何时起，似乎只有电脑的打字速度才能跟得上思维的逻辑运转。我翻开以前的手写本，"狂草"般的字迹只有自己能辨认得出来，可字里行间有我的情感和灵魂的痕迹。嘲笑人类对电脑的依赖，又对其的不信赖。于是这一晚上我努力寻找过去那用"生命力"书写的感觉，但随即被"提笔忘字"的现实击得粉碎。

镜子

时间太长太短，太多太少，太慢太快……可对于未来都是片段。我以镜头为笔，或为原初呈现，或为具象抽象，但无论如何，瞬间定格下时光的画面，符合我当下的心境。它们是我内心的镜子，时而看看，才能更坚定地往前走。

泡脚

很喜欢泡脚，水一定要热到起初时是根本放不进去的，然后体验一次又一次的"点一下，再拿出来"的过程，而这种快乐的感觉随着脚点进去的面积增加，成递增后又递减……最后一旦到了脚可以完全承受的温度时，似乎这次泡脚的行为就可以结束了。

总以为泡脚可以通过局部的受热温暖全身，可实际上恰恰凸显了其他部位的寒冷……除非你实现泡脚的全过程，真正地浸在里面，而且要不断地给水加温……

助眠

凌晨 4 点多就醒了，身体仍然很疲乏，精神却有些亢奋，捉摸着必须再睡会儿，绝不能辜负这个假期，却在床上辗转反侧了一个多小时，突然想到我那屡试不爽的"安眠药",眼前一亮。把笔记本抱到床头,打开某人的视频,果不其然,一会就迷糊啦,醒来时只记得听到的最后一个关键词是"对宗教神学的批判",于是感叹世间,某些人与你的缘分就是"助眠"。

德国邻居

回国 6 年了,由于种种原因,我与那曾经建立了深厚友谊的德国邻居断了联系。最近又由于原因种种我开始回复了他的邮件。我告诉他回国 6 年中我翻天覆地的思想革命,我学了哲学,并深深地爱上了它……他激动不已,问我还记不记得他曾经和我说过,他也是哲学专业出身,虽未以其作为事业,但每天都以书为伴……

哎……那时只知道所谓的享受生活的我怎会记得。我只能想起他四面墙的房间,三面墙的书和一面墙边的钢琴,只能想起他帮我校硕士论文时认真甚或有些偏执的表情和坐在旁边不耐烦的我。

他在邮件里说:"Die Lektüren sind für mich wie Gespräche mit sehr guten Freunden, und ich bin den Philosophen dankbar für die guten Gedanken, die sie mir geben. Das klare Denken macht die Welt reich, vielfältig und schön, es wohnt eine gewaltige Kraft in ihm. Trotz der weltweiten Wirren und Schrecknisse bin ich sehr zuversichtlich, dass wir irgendwann das Beste nicht nur denken, sondern auch noch lernen es zu tun."(在书中我像和朋友在娓娓交谈,我感谢哲学给我的美妙思想,是它让我的生活富有、丰富和美丽,并赋予了无穷的力量。尽管世界充满了困惑和恐惧,我仍然满怀希望……)

我热泪盈眶,这是我听到过的最美的德语。

手机

随着一声清脆的撞击,我的手机内屏受损,无法显示。被手机严重物化的我焦虑万分，但仍坚持着：只修不换。毕竟它陪了我那么多个日日夜夜，它是我开眼看世界的窗口，我对它所有的应用了如指掌，最重要的是，我是个重感情的人。

然而去修手机时，顺便看了新手机。当我的手指触碰那绸缎般的屏幕，听到滴水般的声音，感受到如瀑布流动的速度……我的心瞬间绽放出了花朵，随即脱口而出一个字："买"。

不消半个时辰我已运用自如了。想起昨晚我心疼地抚摸"旧爱"伤口时的情景，如今我连追悼都来不及就把它遗弃到了抽屉里，爱不释手地恋着"新欢"，真是感叹"可替代性"的可悲。

心里想着，还好，人的丰富性是不可替代的，无论是过往的记忆，还是当下的片断都是唯一和不可复制的。不过，再接着想下去，一个人的丰富毕竟是一元的，多元衔接和重叠的丰富性才是立体的。哈哈……

心路历程之假期

（放假前）信誓旦旦作假期工作学习计划

（放假开始）琢磨着不能辜负这个假期，还是应该旅个游先——旅游前的准备——旅游中的兴奋——旅游后的追忆和放空——状态不知不觉在慢慢的转化中……

（放假中期）心里隐隐觉得有什么堵着——找不到源头——终于想到"假期计划"这档事，稍有醒觉，一看日历，嘿嘿，还早着呢——还早着呢——还早着呢——还早着呢……

（放假后期）哦，my god，马上就要开学啦，什么都没有做，陷入悔恨、懊恼、焦虑三种情绪之中，难以自拔——悔恨、懊恼、焦虑……调整并告诉自己一定能战胜这三种情绪——不断地调整和战胜中……（开学前）终于靠着一句话战胜了这三种情绪：既然已经来不及了，那就这样吧，毕竟还有下一个假期。

小猫艾迪

小猫艾迪画了一幅画参加画展，经过的人看了离开，没有人驻足。他越来越不安，疑惑着被不屑或被不解，两种情绪都没让他片刻好过，最后他把画撕得粉碎。

过了些日子，艾迪鼓舞勇气又画了幅画参加画展，他紧张地躲在角落里观察，没想到所有的人瞬间簇拥到画前，几乎齐声称赞。等人群散去，艾迪还是落寞地把画拿下来撕得粉碎。

又过了些日子，艾迪再次鼓足勇气画了幅画参加画展。他又躲在角落里焦虑着，期待着，期待着他所期待的情境，那应该是：有人停下脚步，凝望着，时而皱眉，时而舒展，最后眼睛闪过的光华是晶莹的，如同看着的自己……

终于，终于，一位老人走过画前，亦如他所期待的，甚至比他期待的更多，老人激动地抚摸着画，鼻子贴在画上深深地呼吸，久久不肯离去，嘴里一遍遍地念着"家长的味道"，"家长的味道"……一行热泪从黑色的墨镜里面流淌出来。艾迪感动着遇到了知音，且也困惑着自己的作品《家乡》被赋予"味道"的理解。

晚上他拿着画走在回家的路上，画板不小心滑落在地，发出清脆的声音，突然，艾迪想起前些天画这幅作品时，他手里拿着的蛋糕不小心掉在了颜料里，那是妈妈从家里邮过来的蛋糕，是只有小猫艾迪家乡才有的味道……

后悔"后悔"

没有什么比陷入"后悔"这种情绪更让人难过的了。我的意思是：我后悔"我后悔了"。

老人

楼下那个无家可归、露宿街头、以拾荒为生的老人又一次熬过了这个冬天。"每天路过都能看到他"这件事也没有让我觉得习以为常，并不是因为他"突出"的服饰，和塑料盖着的"家"，而是他脸上从来没有流露出可怜反而是很"惬意"的表情总让我反观自身。他简简单单地活着，不争、不悲、不怨。

而我们自以为活着有"品质"的现代人，却困扰其中，"画地为牢"。姑且不提物化意识已深入骨髓，只说"无谓的附加"就不知所然：暴饮暴食再吃药减肥，过度玩乐再按摩保健，浓妆艳抹再卸妆保养，开车出行再去健身锻炼……

哎……让我们活的简单点吧！

非善

当你心心念念一件事物的时候，千万不要因其"邪恶"而试图替代。因为不情愿的替代同样是非善的。况且无论最后是忍痛放弃"邪恶"的无法满足，还是替代之后仍最终无法抗拒地接受"邪恶"，都不再是原初的那种快乐感觉了。

空调

雨后八月的早晨，去买早餐时，忘记披件长袖的外套了。一阵风吹过，不禁抱了一下肩膀，露在外面的脚趾也蜷缩起来。这感觉好像昨夜梦里的冬天，我急着买去三亚的机票，突然醒来才知道原来被子不在身上……

客厅里的落地空调落寞地伫立在那里，一待就是几年，不甘心又能怎样，总不能穿着棉衣陪尔体会"存在的价值"。还是习惯地做个装饰吧，好吗，谁让你在哈尔滨呢。

假日

阳光明媚的假日，心飘飘意，摇摇目夺神迷。手里除了手机就是相机，时间就这么慢慢地消磨着，心情如同吃着哈根达斯冰激凌，奢侈也是值得的。虽然走到哪里都带着 Andrew Feenberg 的书，但过去二十多天了也只看了两页。其实书很不错，就仅凭那两页而言，只是它总是企图开启我深层次的思维，这与我此时的状态是格外抵触的……

运动

每一个往灵魂深处越走越远的人，都会压抑地找一个"出口"。村上说他选择跑步来抖落这条路上沾染的黑暗。我也认为通过纯粹的身体运动释放心灵的积压是有益的。我在研究身体现象学中关于对心理治疗的影响时，了解到身体的疼痛是消解抑郁的一个意想不到的途径……这总让我看到身心背道而驰得那么明显，而相拥而泣却只能是偶然的那么一瞬间。

总之，我得选择一项运动了，不管是什么，能让我筋疲力尽，就好。

记录

我喜欢用文字记录，我毫无遮蔽地描绘心路历程上的每一个"小感悟"。我喜欢心沉下来的感觉，那时我能与自己的灵魂照面，我看得见它的坚强与脆弱、清澈与混沌、阳光与阴郁、还有无助和疑惑……我时而与它亲切娓娓地交流，时而与它面红耳赤地对峙。

我用文字描绘不是用来"俘获"和期待"被懂"，我把它当作人生的财富，它只需要自我的确认，或些许共鸣时驻足的目光。我不在乎孤独的伫立，我只是记录呼啸而过的情绪留下的那份感染过自己的悸动。

回避

经常会在校园里看见几张熟悉而又陌生的脸，她们每次都远远地向我报以灿烂的微笑，我也同样回以微笑，伴随着内心的迷茫。起初我还不断地开启自动搜索模式，我确定她们不是学生，所以在各个部门和经历过的事件中搜索，可惜由于我这部"电脑"有些陈旧，如同在文档中搜索关键词，明明应该有几百处，却只显示"没有查找到"……经历过几次这样的焦灼与无奈后，我终于放弃了。

今天我又看到了她们其中一张"熟悉"的脸，我首先远远地报以灿烂的微笑，像许久未见的朋友，我发现我的心情竟无与伦比地自在了。

重返德国

德国，再过几个小时，我就又要乘坐 CA965 回到你身边了。

那年冬天，我离开你时，你还下着雪，我带着些许遗憾、些许落寞，恋恋不舍却也义无反顾。这么多年过去了，你时常令我魂牵梦绕，我发现，我还是那么喜欢你。

春天，我依偎着你起伏的山峦，聆听着森林里大自然的旋律，看着潺潺的湖水在我身边静静地流淌。夏天，绵绵细雨笼罩着幽静的空巷，水洗过的街道上飘过几把雨伞。我最爱你秋天的充盈，斑斓的叶子调染着眼前的画面，我便沉浸在你醉人的色彩中，不能自已。冬天，我在你阿尔卑斯山的脚下，在万籁俱静中和你一起冰封着温暖……

我留恋你无与伦比的美丽，还有那份历史的印记无法被现代抹去的厚重，最重要的是，我走不出那段记忆，我青春年华无所顾忌的挥霍。

如今我又是带着无尽的牵挂要回到你身边了，你又会带给我什么呢？是陌生的熟悉，还是熟悉的陌生？是精彩的收获，还是每分每秒蚀骨的思念？

俞老师逝世两周年纪念

两年前的这一刻俞老师离开了我们，此时时间又再一次驻足，像镜像重演两年前的一幕一幕……最后一幕落在复旦校园里的千纸鹤在灰色的背景中飘荡，一个悲伤无助的女孩茫然地走着……然而复制的只是影像，沉痛的情绪却不那么明晰了。我疑惑地追溯着思想的源头和变化的历程：原来我在时间中"忙碌"着。也许是因为时间慢慢地消磨着悲痛，也许是因为在我们内心深处隐藏着一种"向往快乐"的驱动力，让人不管经历多么大的伤痛，都会慢慢地发出光亮。

而无论是忙碌还是"向往快乐"，我总还是觉得冥冥中有您的指引。就像我在对您的《追思录》中写过的："当一个人触及到你心灵的最底层，在他的语言、行为、思想的指引下，你一点点地拨开遮蔽心底的薄纱，并在拨开的那一瞬间，你遇见了你最喜欢的自己，那是多么令人感动和感恩啊。……耳濡目染，你也读书思考，沉溺于一片净土……有了原初的动力去追逐和体会生命的意义……"现在即便您离开了，我也相信这种指引的延续性。

俞老师，我现在也在您曾经学习过的那个法兰克福大学哲学系，无论我在听讲座，在图书馆看书，还是在旧书摊上闲逛，偶尔都仿佛有种超越时空的"碰撞"……我听见您仿佛在说："生活不断地敞开着，你们在时间之内充盈着，我在时间之外祝福你们。"

图书馆

德意志国家图书馆里每天都有一位老人的身影，我没有问他的年龄和他看的书，他只要坐在那里，我的心就慢慢的静下来了。

我不想说文字的力量对德意志民族的支撑。我只想说，有一天我们都会老去，逝去的逝去，褪色的褪色，即便有叶芝描绘的"倦坐在炉边，追梦当年眼神"的唯美，我还是希望能依偎内在的身躯，让一纸纸跳跃的"符号"保持我心灵的弹性，画一个更大的"圆"，让外围延伸的无知不断地勾起我热情的探索之欲。

读诗

"变异"的语言呈现压抑的反抗，否定虚幻，祈求真实。在孤独里挣扎和坚韧，即使挥洒着"情欲"渴望爱情，也能体会出不安的颤抖。所以我说：我小心翼翼地抚摸着那份温热，一会儿冷了，一会儿又慢慢的热了，又冷了……不敢继续读了……

付出

最近很少打字，倒是喜欢在纸上图写着。看着一张张因为勾画而有了生气的纸，我突然想起高三时日夜奋战积累了厚厚几摞草纸，当时没扔，是打算"庆功"的时候作为"付出"的证据炫耀的。然而"所有的付出都有所得"成了自我嘲笑，不得不咽下去。心痛无奈地抚摸着这些纸，也没有愤然地撕掉，舍不得啊，舍不得倾其所有投入在纸上的痕迹。

后来安慰着，既然付出不等于回报，又与付出的"证据"何干？说这句话时，已没有付出和收获的对比了。是因为早已走过了当初，是因为懂得了此处的付出，早晚会在彼处收获。

其实不管怎样，若干年后回忆曾经的付出，都是值得的。因为前面的一切都只是凝固在那段时间里的站在"后来"的立场上的"回味"，所以无论是曾经义无反顾，还是继续走着在伤口上遮块布等着它腐烂或是愈合的意义，对于后来而言只在于它付出的"证据"。因为它充实了你的回忆和人生。

年轻的时候不解，舍不得自己的付出，后悔自己的付出，怎知在"付出"的时间里是何等的幸福。全身心地投入、期待。宝贵的、珍惜的、美好的都在"付出"的时间里，都在"付出"的展开过程中。即便"后悔"、"痛苦"、"无谓"……都是让我们热泪盈眶的青春，而且早晚会轻描淡写，谈笑风生。

有比上课更重要的事情

就在刚刚，一个人走进课堂和 Seele 教授说了几句话。教授就问："……在吗？"一位男生站了起来。然后教授便说："你的女朋友非常主动，她说她在……等你，去吧！有比上课更重要的事情……"于是这位男生就在二百多人的欢呼中跑出了课堂。

才子多情

在旧书摊上闲逛买回来这本 *China mein Traum, mein Leben*（《中国——我的梦，我的生活》）。随便翻了几页，是德国摄影师 Eva 讲述她和一位中国诗人 Emi 的爱情往事。书中还有她在中国拍摄的一些摄影作品。深情的文字记录了她曾经的岁月、她的思想和她对这位中国男人无尽的爱。

看到这个男人（Emi）和毛泽东在一起的照片，我觉得好奇就百度了一下。原来他就是中国著名的现代诗人、语言家、翻译家箫三。百度个人简介密密麻麻的文字我看了半个多小时。他与毛泽东是同学、法国留学、参加革命、与蔡和森等阅读马列经典，与周恩来组织"少年共产党"，翻译《国际歌》，在苏联期间用中文、俄文书写大量诗歌、散文、小说，宣传鲁迅作品和左翼文字，结识各国文艺大腕，高尔基、托尔斯泰、罗曼罗兰……还从事行政工作，省委书记、政协委员的……（太多了，实在是懒得写了）总之他学识渊博，文化修养极高，精通德语、法语、俄语、英语，是语言大师和文学翻译家。

我想说的是：厚厚的履历奠定了他丰富多彩的爱情生活。原来这位深爱他、为了他放弃德国国籍的德国女孩 Eva（中文名字：叶华）只是他的第三任妻子。第一任谭雪君，第二任苏联姑娘瓦萨，第四任甘露。有意思的是萧三与甘露是在他与 Eva 第三段婚姻中坠入爱河，并与 Eva 离婚，再婚的。更有趣的是新中国成立后萧三又与 Eva 复婚。

　　哪一段爱情对他来说都是情意绵绵、荡气回肠，不是温柔了他的岁月，就是惊艳了他的时光。我不得不说"才"与"情"难舍难分，所以称之为"才情"。哎……才子多情，人生如戏，一场接着一场……

远近

　　我要搬家了，要和邻居伊朗女孩 Elham 分开了。她是法兰克福大学电子专业的博士，她不懂德语，所以在过去的两个月里，我只能用支离破碎的英语和她交流。

　　我们一起探讨饮食文化、八卦德国帅哥、抱怨无聊的冬天……我们分享每天发生的故事。我记得，我一边吃着她妈妈亲手做的带着花香的果酱，一边听她描述制作过程，我仿佛能看见一位裹着头巾的勤劳的伊朗大妈将采来的花瓣放入水里浸泡，再放入锅里熏蒸……我们偶尔也聊聊心事，譬如初到德国的寂寞和无助。

　　她对我的离开表示非常难过。为了安慰她，我不假思索地煽情道："虽然分开了，但我们的友谊才刚刚开始。"她眼睛一下子就红了……这突如其来的情感让我措手不及。我拥抱着她，意识到我得为刚才说过的那句话"埋单"了。

　　有些人，你以为很近

　　其实很远

　　有些人，你以为很远

　　其实很近

　　远近就那么一瞬间

　　滴入心里

一颤

区别只在于

那一滴是冷的还是热的

芥蒂

昨天参加了一个德国人的家庭 Party，其中有德国人、意大利人，后来又来了一个日本小伙子。起先的话题便落在了"亚洲人相似面孔的无法区分性"上，我淡淡地回应着："我可以通过'感觉'一眼区分"，但我没有具体阐释这种"感觉"，我不能把我心里"强烈的界限感"表现出来。

德国主人似乎嗅到了一丝"微妙"，私下问我："现在在中国人心里是不是还憎恨日本人……?"我几乎都要把那句从小就熟记于心的"忘记过去就意味着背叛"掷地有声地传递给他，但瞬间我又戛然而止，我突然发现这句话并不是我通过反思沉淀下来的，它只是如照相一般复制在心里的。

看着眼前坐着的这位日本青年真诚地跟我讲着，他为了学好德语，不放弃任何时间，在上下班的路上，在地铁上……背单词，在家放录音一遍一遍地纠正自己的发音……时认真的态度，我觉得我对待学习的"混"有点 low low 的。

一时间我想起去年去日本度假时，日本给我留下的整洁、安静，以及日本人的自律和友好的印象很难与我当年看过的"日本侵华战争"的影片里残暴丑恶的日本人联系在一起。

我想起了那本经典的《菊与刀》，日本民族将一切矛盾的气质交织于一身：静与动，文与武，善与恶……我又想起前年我写《羞耻的伦理思考》时还稍微研究了一下日本的"耻文化"，但最终我也没将其纳入文中，因为我实在无法再面对现实生活中看到日本的"性文化"登峰造极之时，还在我的文章里介绍日本的"耻文化"。

总之，世界太复杂，还是让我安安静静地"诗情画意"吧。

这世上最悲催的事情

我认为这世上最悲催的事情是：当你应该睡的时候，你舍不得睡，而当你终于舍得睡的时候又睡不着了，好不容易睡着了，却做了一场噩梦，噩梦惊醒了以后，无论如何不敢再睡了……

我突然发现这句话可以通过动词的转换，而形成相似意义的不同情境。

譬如，我认为这世上最悲催的事情是：当你应该爱的时候，你没有去爱，而当你终于决定爱的时候，又遇不到爱，好不容易遇到了爱，却又陷入爱的挫折，挫折之后，无论如何不敢再爱了……

再譬如，我认为这世上最悲催的事情是：当你应该做的时候，你没有去做，而当你终于决定去做的时候，又不具备条件了，终于具备了条件，又以失败告终，失败之后，无论如何也不敢再做了……

感悟音乐

我爱音乐，但我对音乐的理解是肤浅的。我只觉得它是情绪，它是情感，它是精神，它是生命。我不敢独自面对它，因为它的侵袭会让我陷入"何所向"、"何所依"、"自己到不了自己"的领域。所以我选择让成百上千的人陪着我面对它，这样至少在形式上我不是孤独的。

今晚我来到了法兰克福的 Alte Oper（歌剧院）欣赏 HILARY HAHN 的小提琴演奏（布鲁赫的曲目）。真是美极了。只是我仿佛觉得是我的心附在她的琴弦上，被她拨弄的如演绎我自己的生命乐章：时而跌宕澎湃，时而温婉细腻，时而欢愉，时而忧伤……即便泪流满面都让我感恩生命，因为我就要这样纯粹地活着。

粉饰

德国人普遍睡得比较晚，当然是对比我的时间。我老人般的作息时间（晚9、10点睡，早4、5点醒）只有偶尔失眠时才略有改动。所以聚会时，通常晚上9点多我就已经哈欠连天，做了解释便急着回家了。外国朋友对此表示疑惑，问我，"你那么早起床做什么呢？"

我心想，我绝对不能说：再睡容易做恶梦，或者不利于养生之类的理由。我觉得在外国友人面前我不是独立的个体，我身上要带有民族的特质，要尽量表现中国人的优秀和深邃。于是我说了如下的话：

"早上的寂静利于思考，而且慢慢地等待黎明是多美好的事啊"。

果然，今天收到外国友人的短信，赞美我诗意的人生。Ich freue mich sehr zu wissen, dass Du morgens so früh aufstehst und ganz in Ruhe mit dir auf den Tag wartest. Das ist auch sehr poetisch!

旧城

今天下午我去了 Darmstadt（达姆施塔特），这是我当年来德国时待过的第一个城市，可非常遗憾的，我已经对那些建筑没有印象了，但汹涌澎湃的情绪却扑面而来，我记得在若干年前一个女孩在这座城市给了我无微不至的照顾，在她依旧很艰难的时候。那种温暖像从外输入的血液，这么多年依旧在我身体里流淌。这让我又再一次地确定：一座城市，一个地方，你对它的记忆只关乎于人和因人而产生的情绪，至于景致，无论是茫茫沙漠还是繁华市井，都是人和情绪的背景和烘托。

我走在 Darmstadt 的街头想起的这个女孩当年在这座城市里经历了无数的挫折，但每每都坚强地面对。如今她与家人在维也纳享受着生活的甜蜜。这是我所预料的。因为我知道，善良的人一定会像儿时读过的童话故事里结局的那句话："他们经历千辛万苦最终过上了幸福的生活。"

饿

有什么比疲惫地躺在床上正要睡着时，肚子却咕咕发出警报示威更让人纠结的呢？我沉重地叹了口气，我那美食幻想的图景3个月来在与现实的一次一次地对峙中总是败下阵来。

今晚在现实的大地上，我的思想随着饿与困的交锋而不断地交替着。我努力地想要超越这个层面，于是我抓住了一个"气球"往上飘，天空真美啊，空气那么清新，雪白的云朵就在身边，好像棉花糖，还有鸟在飞，它好肥啊，想必肉一定鲜美……哦……不，"气球"破了，我重重地摔在了大地上……

今生来世

我爱德国的深沉、法国的浪漫、奥地利的高贵、东欧的忧郁、西班牙的热情、意大利的艺术气息……但我最爱瑞士，因为在我心里它是天堂。所以这次重来，我要记住天堂的路。

记得当年游欧洲时就勾勒了这样的情景：在法国谈一场恋爱，去佛罗伦萨度蜜月，维也纳的森林里听音乐，布拉格的桥头写诗……在巴塞罗那邂逅艳遇（算了，"艳遇"这段还是删了吧，好像与整体基调不符）。春天去荷兰赏花，夏天在爱琴海度假，秋天漫步在波恩的街头，冬天去阿尔卑斯山滑雪……老了和爱人消磨在普罗旺斯，忘记时间，死了就葬在瑞士。

来世做一只海鸟，就翱翔在这片天空。倘若如此，这一生，那一世，足以！

故地重游

故地重游的感觉就是"物是人非"。对比10年前我满脸的胶原蛋白，难免感叹岁月刻刀的淋漓。不禁又想起杜拉斯《情人》里那句经典的对白:"那时候你很年轻,人人都说你美,现在,我是特意来告诉你,对我来说,我觉得现在的你比年轻的时候更美,与你那时的面容相比,我更爱你现在备受摧残的面容。"

其实,我绝不相信会有人喜欢备受摧残的容颜,但我相信,会有人欣赏你优雅的气质和高贵的灵魂,即便你已老去。因为我知道所有的经历都凝聚成精神气质,而所有的精神气质都会沉淀在脸上。

我会怀念青春的容颜,但我不畏岁月的流淌。我会慢慢地享受时光,享受平淡生活中的每一个小确幸,享受孩子的成长,享受爱与被爱的幸福,享受朋友间的温暖和启迪,享受读书和传授的快乐……学会理解,摒弃狭隘……

让纯真、善良、美好不断地滋养着心灵,让我慢慢地老去……

"我是真的爱你"

坐在地铁上,当耳机放进耳朵里的瞬间,"让我随你去"就直击心底。喜欢上这个女声(后来才知道是男生女声)。我记得这个歌词,也记得这个旋律,却记不起之前听时的感觉了。

我常想文字的魅力,给人无穷的想象空间。你以为文字注入了音乐就被"定调"了。不,并没有,它们组合呈现的魔力在于被不同人演绎。而你以为被演绎了,就是被"定调"了,不,其实也没有,它在于演绎者与听者之间的"听域融合"。而你以为融合了,就是被"定调"了,不,其实也还没有,人们在不同的心境下,不断地与音乐"对话",以至于永远无法"定调"。

正是因为人类丰富的内心世界才让"解释"成为可能。

读德文版的小王子

下午睡多了,晚上自然睡不着了,无意中发现了德文版的《小王子》,

从头读到尾（对照着中文）竟哭了不止一次，那种触碰一时不能用言语表达。想着之前是看过的，为什么当时没有这种感觉呢？我不断的深思，终于得出：它源于我对语言的掌握能力。我在看母语文献的时候，虽然流畅，但正因为熟悉而不假思索地跳跃。而面对外文文献的理解，由于或多或少的语言障碍，不得不逐字逐句地揣摩，而在揣摩的过程中上下文的连续性和意蕴才深入内心。这如同我第一次看海德格尔早期著作《对亚里士多德的现象学解释》，当时的中文翻译我觉得晦涩，可不知道为什么德语原著经过细心地阅读竟也似乎读懂了一些。现在终于明白了，看来，那些曾经读过的中文书回去要重读了。

公交车

法兰克福的公交车（Bus）已经罢工4天了，潮湿的街道上只有私家车在奔驰着，显得那么的单调。我很喜欢坐德国的公交车，温暖、舒适，且没有什么人。静静地坐在窗边总让我想起小时候，想起我那充满了无尽童年回忆的小城。

那时我就喜欢坐在公交车上靠窗的位置，从终点坐到终点，再从终点坐到终点……任其停停走走，快快慢慢，把窗户打开一条缝，让风吹着我的面颊和头发，眼前的画面像电影一幕一幕，我却常常发呆，整个世界只有我和我的思绪，我编织着一个又一个的梦，那么美……

现在想想真的有一个梦实现了，那就是：我想看看这个世界。

朋友

自从2003年第一次看《Friends》开始，这么多年从第一季到第十季反反复复我不知看了多少遍。想起N年前在德国他们陪我度过的时光，那时还有DVD，只要我在家，它就一直滚动着，我看着他们从青涩到成熟，再从成熟返回青涩，一遍一遍，我几乎能记住里面所有的台词、拥抱、默契，还有会心的微笑，记忆犹新。

其实我除了喜欢他们的幽默风趣，就是真心地羡慕他们的友谊。

当年我还那么年轻，多希望能有这样一群朋友，一起玩、一起闹，一起"消磨"时光，有欢乐，也可以争吵，但彼此真诚。然，友谊长河，小船一次一次被掀翻，结冻之时，我已如履薄冰。

在很长的一段时间里，我反观自身，但有果亦无果。慢慢地，我把其归因于"中国式的文化"。这种"文化"让一切都变得微妙，中国人一辈子都似乎在"微妙"中活着，把它称为"艺术"，而且"乐在其中"，久而久之习惯了"不透明"，习惯了"封闭"。

一个很好的朋友曾经对我说过"人与人之间都是一种相互利用的关系"，我懂她的"利用"不是狭隘意义上的。只是，我把友谊放在一个圈里，界限之内没有金钱和利益。姑且我们不谈"利益"，这个词让我不寒而栗，然而就单单在无利益的界限圈内，也掺杂着"自尊"、"嫉妒"等情感，让"无利益"的友谊也复杂化，总好像有一种东西浮在上面，什么"友谊的小船说翻就翻"，什么"美到没朋友"（我很讨厌这两句话），看似玩笑，却无不隐藏着朋友之间的"度"，就是这个"度"让我嘲笑其友谊的基础和支撑。《Friends》里那种感觉"你好，我为你高兴。你不好，我不离不弃。"中国人大抵只能做到一半。

如果非要把朋友之间定义为"利益"关系，我理解"利益"应该是"索取"和"获得"。如果一位朋友，他（她）让我内心涌动着积极，吸收有别自己的力量，这难道不是一种索取。如果朋友的抚慰像阳光照进潮湿的心灵，这难道不是一种获得。

这次在德国我又开始反复地看《Friends》了，心里却暖暖的，我知道这几年我已经有了相同感受的朋友们，而且我相信还会有同样感受的人成为我的朋友。

火柴

生活就像一团燃烧的火，得不断地擦亮火柴。有时候我觉得自己就充
当着火柴……

谁来喧嚣这场荒寂

看着电脑上一个个躺在那里慵懒的、倦怠的、烦躁的、消沉的、死寂
的字。我真想成为其中的一个，这样我便可以掐死前面的所有字，再转身
踹后面的一脚，看着他们如多米诺骨牌一般一个一个倒下，接着我狂笑着
一头跳进深渊，粉身碎骨。

然而头脑里一片荒寂。

谁来喧嚣这场荒寂，哪怕是酒后的狂舞和歇斯底里，也是"生命的创
生"。这"创生"再通过文字的重新排列组合投射出去。我幻想着她们在
一起暧昧地不舍分离，每一个字的换位都将引起躁动和忧郁。她们就那样
地在一起，如水流淌在绸缎般的皮肤上，纵享丝滑。又如珠落玉盘，发出
灼灼的光辉，并叮当的响。

日记本

我有一本厚厚的日记本，我总是随身带着。但它记录的并不是日记，
而是"计划"。日记本里满满的都是我计划完成的"任务"，譬如要看哪
些书，要写关于什么题目的文章……大致以"时期"为界线，大到一年，
小到每天。当然它的记录总是经历"删除"、"更改"、"再删除"、"再更
改"……最后搁置。

尽管如此每次我还都是兴致勃勃地，花大量时间去"勾勒"图景，并
在勾勒的过程中，沉浸其中，仿佛实现一般的激动和享受。

直到有一天，我如往常一样精心"绘制蓝图"，脸上洋溢着幸福的满

足，然而当我无意地翻看之前的"计划"时，我惊愕地发现，它与我两年前某一时期的计划几乎重叠。我于是陷入了沉思……

以后绝不回看以往的计划了。

我相信你在

昨天去了法兰克福附近的小城 Seligenstadt。小城很有德国特色，吃着冰淇淋坐在河边，煦暖的阳光照在腿上……听外国朋友讲他小时候的一段经历，我的情绪波澜起伏。

他说他曾经掉进过这条河里，他曾经在这里死去。

8 岁那年他和几个比他大的小伙伴在河边玩水。他拿着瓶子灌水，玩着玩着就忘记了，不小心陷进了深河里，不会游泳的他挣扎了几下就掉了进去。他在下坠的过程中，突然发现自己脱离了他的躯体，"他"眼看着自己的躯体垂直下落，而"他"却游离着。在两秒钟内，他仅仅 8 岁的人生像电影一般一幕一幕快速呈现。之后"他"看见河岸上的人们各种表情，惊吓、紧张、哭泣……"他"看见一个人朝他落水的附近迅速地游过来，这个人潜进水里，可是找不到他的躯体。他的躯体陷得太深了。救他的那个人游出水面、又潜入河里，几次往返，无果，几乎放弃。这时游离的"他"突然看见一只发着光的大手将他的躯体往上托，直至救援的那个人发现，之后他就没有意识了……醒来时他在医院。

我的泪水在眼里颤抖着，我不仅仅是感动他的生命被挽救，而更重要的是：我感动我一直以来相信的力量存在，而且被确证。

我相信这种力量，我相信这种力量超越自身又融入自身。

我相信这种力量，我相信它的陪伴、它的启迪、它的告诫、它的引领。

我相信这种力量，我相信它是我思想的光，它使我有了悟力，有了被时间和事物细微触动的心。

我相信这种力量，我相信它让我有了自己唯一的印记和气息。

我相信这种力量，我相信它藏在我梦里的深潭，它给了我无数次深谷的滑落，才送了我一双翅膀。

我感动不已……

锁

年轻男女信誓旦旦地把钥匙扔进河里，象征永远锁住的爱情。其实他们不知道，这世界上根本没有打不开的锁。锁上的那一瞬间，就是要被打开的开端。

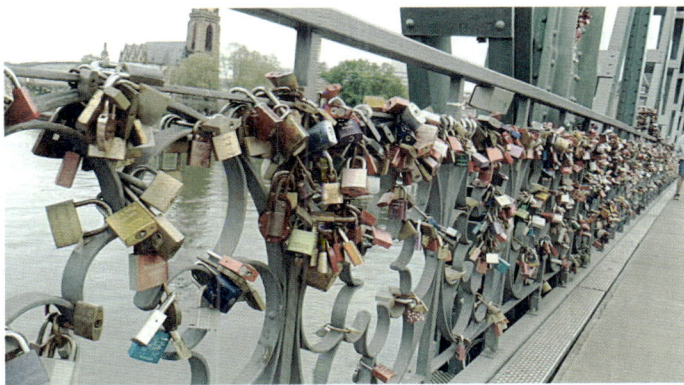

镜头

我把生活当成镜头，所以面对它我总是保持微笑。

母爱的深沉

收到朋友的留言，她说："……我妈妈对我的爱很重，但不够深沉……"

这句话让我沉寂了很久，我从来没有深刻地反思过母爱的"沉重"与

"深沉"。在我看来这世界上最伟大最无私的情感只关乎于"崇高",涉及不到"重"与"深"这些层面。

然而,细细思量,我们确实应该从母爱接受者的角度反观付出者的行为,思考"沉重"与"深沉"。"重"是外在给予的一种压力,一种负担。而"深沉"虽然也有"沉",但却是"深"基础上的"沉","深"是源自心灵沉淀后的由内而外的表现,而这种赋予之后的"沉"才能内化到孩子的心里。

工作与假期

我每天都是假期,只不过我一直在假期里"工作"而已。"假期"和"工作"对我来说没有心里界限,因为,我的工作就是思考,我的思想能自由的徜徉就是无边的假期……

手稿

我喜欢看大师们的手稿,尽管根本辨认不出来。但每次看到手写的勾勾抹抹,我都仿佛看见他们静静地思考着,或坐或走,手边随意地勾勒,复制着思想的灵动……

画地为牢

自从经历了移动硬盘"失而复得"事件,我除了感叹现代性的悲哀,凝聚了心血的东西会那么轻易地"一键删除"外,也开始思考"储存"的意义。

朋友说:何必担心失去,思想已存进脑子里,照片可以重拍……然而于我,思想的灵动总是一闪即过,而且不断有新鲜的,甚至相反的思路……

在重新整理文字档案和照片时,我发现我写的每篇文章都有若干版本,从原稿到第一版……到第N版;照片也是不同角度不同光线的"重复"。我最初只想着即便是每一次的灵感都是对上一次的否定，也应该记录这个过程。

然而所有都需要花费精力去做，有些还需要花费精力去选择，再花费精力去储存，最后还要花费精力去担心失去……但这一切都仿佛是我自己"画地为牢"。

异乡人

德国夏天的节日很多，常常莫名其妙地就遇到了假期。有人说，当别人都在节日的欢庆中，而你还如往常一样地待在家里、或去学校看书，或独自在公园散步……那就说明你是个异乡人。

但我会时常很庆幸这种感觉。"异乡"才会有两个地方的对比性，才会对原属方地强烈思念。而这种思念才能让自己意识到"归属感"的意义。

德行

古希腊哲学非常注重德行，甚至认为后天克服困难而修行的德操要比天性善良更值得称道。所以很多古希腊的哲学家为了拥有高尚并且坚定的德行而不断地寻求考验，追求痛苦，在斗争中坚持不懈。蒙田就举例苏格拉底用妻子的凶悍作为对自己的考验。

这不禁让我联想到了中国式的"妻管严"，原来是老婆对老公德行上的修炼。所以我是否可以说："家有悍妻，值得珍惜。"呢？

讨论

中午和几个哲学系的中国留学生吃饭，其间，在某一同学的话语中突然出现了"蹬鼻子上脸"几个字。于是引发了一场"哲学式"的讨论。

A：这句话很奇怪，鼻子不就在脸上吗？这显然是一个步骤。

B：这是两个步骤，而且是递进的，否则直接说："上脸"不就得了。

C：请注意"蹬"字是足字旁。

B：其实要理解这句话的意思，最重要的是要弄清楚"鼻子"和"脸"之间的关系。

于是同学们陷入了困惑之中。

最后还是"百度"拯救了她们。"一般说来，鼻子到下巴寸许，而脸的上面，尽管不知道脸的具体位置，但都认为是人的面部，所以上脸在这里解释为脸的上面，也就是额头以上，这里距离下巴到了一拃的距离，意思是我给了你一寸，你还想要一拃。"

我全程没有说话，就默默地微笑着看着她们，终于体会到了平时别人看我时的感觉。

时髦

吹捧的时髦，毫无反思的接受。大众的头脑一次又一次地被当成别人的跑马场。其实每个人的生活都不能复制，都得在自己的经历和审视下慢慢地找到适合自己的生存方式。

相信流行巅峰过后终将归于沉寂，包括这个帅的一脸正气的男人。

谢谢你

我走在路上，不小心和一个女孩儿撞上了，她穿着藏蓝色的牛仔裤，背着重重的帆布书包。转身照面之际，我发现那是十年前的我。

她有些疑惑，然后傻傻地认真端详着我，匆忙中说了句："对不起"。

而我却笑着淡定地对她说："谢谢你"。

时间的截面

在入秋的夜里洗一个温暖的热水澡，本是舒服的。然而热流在强烈的对比下涌入身体，心里。头脑里却浮现了同样感觉的不同时空的画面，

1987 年还是 1988 年的冬天，吉林河南街公共浴池三个人。小女孩在喷头的下面，她的妈妈帮她擦背，她笑着看着旁边的姥姥……

时间失去了连续性，直接砍断的截面，恍同隔世，已是隔世。因为一个人早已离开，一个人头发上快看不到黑色，还有一个人的眼睛里也没有了清澈。

年纪越大越发对久远的事情"着迷"，在心里滋生发芽的眷恋越浓，记忆凸起的点是那山、那水、那些人……相应的也会对未来那个时间截面恐惧，那时哪些人会想起现在的我呢，想起我的什么情景呢？而那时我又会在哪里呢？

在入秋的夜里洗一个温暖的热水澡，本是舒服的。然而模糊的不只是浴室里的玻璃窗……

演员

当你偶然经历某人的语言或行为颠覆其原有在心里的形象，你惊愕，并不知所措。

或许有人告诉你：人生如戏，那一刻只是忘记了演戏……

我只想说：既然人生如戏，请认真演戏。这是演员的自我修养。而且我相信久而久之认真地演绎，会习惯并享受这个角色，那么你就成了它。

佛

我对佛说：我许下一个最平凡的愿望，我祈求内心永远的宁静和美好。

佛笑着说：愿望怎分平凡和不平凡，只要是愿望就是祈求你想要的，而此时却没有的……况且"内心永远的宁静和美好"是世界上最奢侈的愿望了。

佛也自相矛盾了！

"勇敢"

专家在主席台上作研究报告，后面一对男女一直窃窃私语，我的修养不足以让我平静地忍受这种打扰。我回头3次以示警告，无果。我想起20年前《新概念英语》中的文章"私人谈话"，有些无奈。

最后我终于忍无可忍，我气愤地走上主席台，把正在使用的麦克风拔了下来，又径直地走向青年男女，并把麦克风对准了他们的嘴巴……"来吧，尽情地表演……"

于是接下来的时间里，我畅快地享受着意念中的我的勇敢形象。

回忆

在我现在这个年纪，由于心境还是很浮躁，其实是很难静下心来回忆过往的。而且说来也奇怪曾经的那些日子是一分一秒走过来的，可现在回忆起来却是断裂和空白的。也许就时间而言，我们在其中开启，与之相伴，随即就会马上被其覆盖，由浅入深。于是记忆被隐性地封存在里面，只有在当下的情境中某个元素强烈刺激下才会唤醒记忆的精灵，它们才在深埋的沟壑里突然凸起，形成一幅幅非连续性的画面浮现在眼前……

"励志"

今天新买了一条5月份才能穿的裙子，而且特意买小一号。于是我决定从今天晚上开始减肥。

这就是这个"励志"故事的开始……

去文明

今天的我如何能去文明、去教化、去符号……而自然如草、如木、如大地、如飞鸟一般？

选择

总有人质疑我为什么要作对比和选择。其实我在有和无、它和它、他（她）和他（她）中对比，真正的目的不在于对比后的选择，而在于在相互对照中理解、体会情感和感受的内涵。

譬如我为什么喜欢他（她，它）？他（她，它）中包含了什么才让他（她，它）超越了另一个他（她，它）？而超越的部分或者元素对于自己的意义到底是什么？

人没有纯粹的情感，所有的更喜欢和喜欢、不喜欢和不那么喜欢……都是基于前理解的对比。

情感

我是如此的纠结，一方面我是多么希望你能真正地懂得、拥有、体会人世间所有的情感，有着"爱与被爱"的丰富而充盈的内心。而另一方面，我又是如此的担心你受困于人类的情感，某一天你执着的爱成为捆绑你的围墙。

离开

"离开"是必然的，或者说形式上的分离是必然的，我们就是在不同的"分离"中成长，从婴儿离开母体，到孩子离开家庭走向社会，再到在社会中不同的离开转换，到最后离开这个世界，我们就是以"离开"开始，又以"离开"终结，我甚至可以赋予"离开"以本体的意义。但无论如何，"离开"意味着形式的转换，转换意味着改变，只有改变，才会反思，才有对比，才会为自己的选择承担后果，才会进步……

什么是幸福

带着宝宝去做头发，在沙龙里他坐在后面的沙发上看着镜子里被摆弄着头发的我，突然说："妈妈，你觉不觉得坐在沙发上，看着五彩的灯，听着好听的音乐是一种享受。"

我笑着说："你知道'享受'是什么意思吗？"

他回答道："嗯，'享受'就是'很美妙'的意思。"

我又问："那'美妙'是什么意思呢？"

他又答道："'美妙'就是'幸福'的意思啊。"

我接着问："那'幸福'又是什么意思呢？"

他笑着指着我说："'幸福'就是妈咪。"

我有点感动，我成了他理解一切美好事物的源头。

我也不懂

放假了，电视台又一如既往地播放《西游记》了。而坐在电视机前的宝宝已经没有以往的激动了。

那是因为去年年底我和他花了大概两个月的时间共同读完了《西游记》（青少年版）。起初的"灵根孕育"、"参访仙道"、"大闹天宫"给宝宝留下了无比深刻的印象，并产生了无尽的憧憬。对"猴子"无限能力的崇拜呈现在他幼小而夸张的脸上，他瞪着圆眼睛，张大了嘴巴："一个筋斗就是十万八千里"、"火眼晶晶"、"七十二般变化"……即便稍后被压在五指山下，也没有让宝宝瑞放弃对猴子的信念。

然而随着取经路上一次又一次的"劫难"，猴子（这时应该叫孙悟空）"无能为力"、"力不从心"地"请菩萨"、"搬救兵"……让宝宝失望的萌芽慢慢滋长了。到了"红孩儿"那回，孙悟空被烧晕，到"火焰山"那回被芭蕉扇吹得滚了一夜，宝宝不禁尖叫起来，"他不是在炉子里三位真火炼成火眼金晶了吗?""不是十万天兵天将都打不过他吗?"……望着他的不解和失落我也很无助。

我总不能和他说:"猴子自从被如来收拾了,想通了,学乖了,懂得顺势随俗、收敛和谐,知道'让领导先走'了。"我也不能和他说:"人的一生就是不断地使天性在社会性中泯灭的过程,我们在社会关系网中的那个结点让我们生存且无奈的生存。"我更不能说:"人就是文明与压抑的矛盾,就是生而自由却无往不在枷锁之中……"

说了他也不懂,其实我也不懂,我也不能懂,我也懂不了,我也不想懂。

要怎么爱你我的宝贝

对于孩子的教育我常常陷入困境。他们像一张白纸展现在我们面前,而正因为是一张白纸,如何引导他们勾勒自己的人生画卷,是父母永远的课题。

过年期间,宝宝放了很多烟花。我固然也喜欢烟火的绚烂,但其瞬间的美丽与金钱价值的对比,让我提出了质疑。我对宝宝说:"几秒钟的燃烧花去的这些钱可以做其他更有意义的事情……譬如买书学习知识……譬如……"我唐僧般地教导,宝宝表示同意。而站在一旁的爸爸却说:"你有看见孩子放烟花时那张快乐的脸吗?有什么能换来这份最纯真的快乐呢?"我怔怔了半天……

那些天宝宝瑞每晚都和我一起看《中国诗词大会》,他热情地"参与"着,我知道他其实并不懂,他只是喜欢里面竞技的场面。有一晚一位来自河北省邢台市南和县郝桥乡的参赛选手白茹云诠释了真正的诗意,也吸引了我和宝宝瑞的目光。她坎坷的人生配合着念的那句"千磨万击还坚劲,任尔东西南北风"让我禁不住热泪盈眶……我向宝宝解释着,告诉他比起他现在的无忧,在这个世上还有很多人艰难地生活,还有很多人在困苦中渴望着读书……所以我们要把钱花在更有意义的事情上……最后我问他："你愿意把过年的压岁钱拿出来捐给更需要的孩子吗？"他盯着我足足有5秒，然后点头说："我愿意"。我一下子把他抱在怀里，松了一口气。都不知道在刚才过去的5秒里，我的内心翻江倒海，我多怕他说不。

随后的第二天我又看了《感动中国》，内心的情绪无以言表。看着我的宝宝瑞，我又不禁陷入了沉思。

是否要他们复制我们思想中的轨迹，怎样的人生才是正确完美的？其实我自己都无法界定。是应该让他们没有压力地成长，还是在汲取中得到快乐？是只有在学习中才是获得，还是放松和发呆中同样是收获的源泉？是让他们在享乐中保持童年的无忧，还是学会理解付出，懂得责任？……是让他们长大后坐在舒适的办公室，悠悠的喝着下午茶，和朋友谈天说地，读书旅游享受人生，还是为了责任，懂得艰辛，为需要的人付出……

我们是孩子人生的第一任老师，如果孩子只从我们身上学到了技能，那是我们最大的失败。

中国教育：我们已经输在了起跑线上

德国的幼儿园没有文化课，没有阶段分班，所有3—6岁的宝宝混在一起整天只有玩，玩各种玩具，玩各种游戏，去大自然，去博物馆……

近几年总会看到一些关于担忧中国教育的文章，我努力挣扎也难逃陷入泥沼，我那可爱的宝宝现在也行走在各种课外班中，尽管多数与知识灌输无关，但也毕竟进入了典型的中国教育的模式中。连批判意识都还来不及形成，就被塞进了这个恶性的体系里，我心疼，但我也无能为力。只要想到他将来要习惯这样的生活，并且不得不"乐"在其中，我的心就无比地煎熬。就像他4岁那年第一次坐在画画班上，我从后面的窗户，看着他背着小手，认真地看着黑板表情时，我眼泪就止不住地流了下来：我想着，从此他的人生就这样被捆绑了，如同我们之前走过的路一样……

"不能输在起跑线上"这是中国千千万万家长的心声。这是一句多么对孩子"负责",多么"理直气壮",多么"励志"的话啊！然而就因为这样的一句话孩子们甚至从小学开始就告别了童年,填鸭式的教育,题海战术……整个社会的氛围无不充斥着积压、枯燥、强迫……把学习当成一种竞技,而不是素养的形成。其实连诸如"诗词大会"这样的以知识的名义宣扬的电视节目在我看来都是知识的灌输,而非无形的渗透。

背诵记忆成了学习进步的唯一途径,考场成了学习的战场,升学成了学习的目标。我就是"记忆教育"和"应试教育"培养下的"佼佼者",我在多年的应试中练就了一套短期的循环记忆方法,我能在一周内,在甚至毫无理解的情况下背诵100篇2000字左右的晦涩的文章。哈哈,请先给我颁个奖。然而它们就像神奇的墨水一样只是暂时停留在我的脑子里,考完试它们就消失了。我对生活常识的了解却非常的匮乏,妈妈经常疑惑地看着我:"你不是博士吗,怎么连这个都不知道……"答曰:"我只知道考试范围以内的东西,而且考试还不能是临时突然袭击,否则我一定挂掉了……"

在这样的教育下,理解、思考、讨论被沦落为架空的乌托邦。孩子们连发呆的时间都没有,何谈思考"人生"、"自由"、"解放"、"创造"……这些作为人本身应该理解的、更有意义的、更有价值的东西。只是在这样所谓的知识灌输中,当有一天他们知道"自由"的含义时,也学不会"自由"了。或者在他们的字典里"自由"就在狭小的界限里,并与意识无关。把背着大人出去打个游戏,偷着交个女朋友……理解为"自由"。他们的字典里也模糊了"创造"的内涵。他们不懂破坏性的粉碎,而把"创造"理解为模仿后的变色、故作的变形,或无实质内容的添加……

我想问,孩子们,忘记你们考试前背过的东西,剔除被强行加入你们脑子里的符号,留在你们血液里的还有什么呢?是厌恶生活的情绪,还是所谓自由的偷欢?是习惯的麻木,还是无知的享乐?是一方面对这种教育模式的咒骂，还是一方面又不得不随波逐流的认同。这座厚厚的墙壁推不倒，且身心疲惫的家长们不断地前赴后继往上累砖。

从我的公寓到学校要经过一个公园，那里每天都有一群孩子无忧地玩耍。而我模糊的眼睛却落在中国的某个城市，一群小眼镜们麻木地向我走过来。

兴奋

越读书越发现自己的匮乏。

世界这样无边界的展开，我却从起初的焦躁变得格外的兴奋了。

平行出现

你是否也和我一样，有过这样的感受：看着 7 岁的宝宝，尽管他非常可爱，可你仍然怀念 6 岁时的他，5 岁时的他，4 岁时的他，3 岁时的他，2 岁时的他，1 岁时的他……你希望所有美好的瞬间不是在记忆里重现，而是在当下，这一时空里平行地出现。

可悲的人性

暑假就要结束了，一想到新学期上课、备课、辅导学生、照顾孩子饮食起居、教育……起早贪黑的生活我就无比的兴奋。因为在紧张忙碌的生活中榨取出的悠闲，要比大把的悠闲呈现在面前等着挥霍更让人觉得珍贵。这就好比去沙漠里喝一滴水，荒原里寻一枝花，欧洲旅行想念中国的廉价早餐，打了一天一宿的麻将偎在旁边一张破旧的小床（我这比喻太有生活了）人类就是这样，有着不容易得到哪怕是垃圾也爱不释手的可悲的人性。

蜻蜓

许久没看见蜻蜓了，那曾经团团簇簇的绿色中飞动的被我们叫作"maling"的昆虫，以各色形态出场："红辣椒"、"花丽棒"、"大绿豆"、"黄毛子"，还有两只叠在一起的"双棒"……其中穿梭着我粉色的裙子和灰色的 maling 网。

那彩色的画面我现在看不到了，又回不去了，而如果我此时不抬起头，停下滑动的手指，这份记忆也许也消失了。

陪伴

时间被打成零散的碎片，碎片的集合是陪伴。

精神催眠

宝宝瑞已经放假快一个月了，这段时间他不断地向我声明这个假期他要疯狂地玩，我虽然对此表示赞同，但也担心他滋长厌学情绪，所以那晚我把他叫到身边，语重心长地和他说了一番话，大致内容是这样的："宝贝，学习是一件多么快乐的事儿啊，你知道吗，妈妈小时候多喜欢学习知识，无论上课还是自己看书，妈妈都觉得自己是那么渺小，只有知识才能让眼前的世界不断地变大，也知道即便自己不断变大的世界相对于浩瀚的无垠都还那么渺小，也因此更加充满了好奇和求知欲……"

他瞪圆了眼睛看着我，这个回应让我更加振奋，我接着说："你知道吗，妈妈根本不满足于上课的内容，妈妈到处寻找辅导资料，每攻破一道数学难题我都觉得极大的满足，然后再去挑战更艰难的，以最快的速度背诵或者交卷都让我骄傲地站在同学们面前，也因此更加自信并以投入到竞争中感到极大的愉悦……我从不惧怕考试，我甚至盼望着考试，来确证自己……"宝宝瑞的脸上已经露出了我期待的表情。

我越说越激动，越说越振奋。我开始崇拜我所描述的那个"我"，那个"我"头上闪着光芒。我被"我"带到了某种幻觉中，那么美好……不，那个人就是我，那个人就应该是我！

在此向所有通过语言进行精神催眠的人们致敬吧！

方言

有人说着标准的普通话，"标准"就是扬弃了个别。没有地方性的语言仿佛看起来非常"高贵"，而我偏偏喜欢去除这种"高贵"，我不断通过交流让对方放松，让他们慢慢地暴露出语言的地方特色，在语言中我带他们回到他们应归属的那片土地，就像在社会的教化下多么被人称道的"中庸"，我都想逼迫其展现出自己的个性，回到他们的自然属性。

遗憾

飞机上我旁边坐着一对母女，女儿大约二十五六岁，她们从一上飞机就开始吃东西，蛋糕、牛奶、零食，其中还包括一个巨大的三明治，之后飞机提供正餐，她们各自要了两份，吃完后又从座位下拿出一个包包，掏出一个印有"对青烧鹅"的袋子，然后优雅地在我面前带上了一次性手套……两个小时的飞行时间，她们向我展现了我大约几天的餐桌的容量，再看看她们瘦骨伶仃的身材，我深吸了一口气，望着窗外内心感叹着：摄入那么多的热量竟无法在身体上呈现，就好比读了很多书仍然没有思想，难免让人觉得遗憾。

记住这种感觉

不到 8 岁的宝宝瑞这几天在学自行车，当今天他的车离开我手的瞬间，我问他那感觉是不是自由的像鸟一样，他高兴地拼命点头。

我激动地重复着：记住这种感觉！记住这种感觉！可等我说完这句话，我的内心一片沉寂，这么多年有多少次值得记忆的感觉，它们真的被我记住了吗？随着时间的流逝，随着当下发生的一切，那些美妙的感觉，凝结成晶体淹没在记忆的沟壑里。我多么期待它们能偶尔展现出来，闪烁着光辉，如同我此时晶莹的泪水。

期待

人很有意思，总是对即将被展露的事物充满期待……未知的还进入不了意识，所以无所谓"期待"，已知的，完全揭开了面纱，那一刻，"期待"本身就消失了。所以作为"即将掀开—期待—掀开"的整体，"即将掀开"和"掀开"只是起点和终点，而"期待"才是真正的过程，而且"期待"过程酝酿的时间越长，蕴含的内容越丰富，"掀开"时的冲击力就越汹涌。当然这个冲击会与期待的内容是否一致而形成正向的或反向的力量。

娱乐至死

世界杯就这样结束了，与世界杯有关的能引起人们情绪起伏的一切，包括政治的、经济的、文化的，以及政治经济文化交融的新闻、赌博、娱乐、喝酒、熬夜、发朋友圈……也即将如以往社会事件一样慢慢消隐。我期待着下一个掀起波澜的事件的心情更急迫了，因为我在娱乐至死的世界里没有一丝反抗意识了。

负重前行

我每天都背着一个重重的包，里面装着我认为重要的东西。譬如伞、防晒喷雾、口香糖、护手霜……而实际上我发现我并不时常需要它们。于是有一天我把这些东西都扔了出去。而当我觉得异常轻松的时候，突然对这些东西的需要强烈地凸显出来：烈日炎炎之下，我裸露的肌肤眼看着色泽沉淀、刚洗过的手渴望滋润，填饱了的肚子并没有满足感，因为口腔里遗留的饭味让我厌恶，我无比地怀念我的"重负"。

顿觉人生：只有拥有不顾一切的豁达才能轻松上阵，过多欲望的满足必然伴随着"负重前行"。

新鲜

无论你之前多喜欢一个事物，都会随着时间和它自身的折旧或其他新鲜的刺激而将其遗忘。你只有不断地提醒自己它的意义才能稍微地维持，而一旦需要非潜意识的标记，其对自身的意义自然荡然无存。而这一切不能只是归咎于人性的弱点，只能埋怨客体是无法自我更新变化的物。所以如果，本可以通过不断变化呈现新鲜来确证自己人的特质，却还停留在物像上，那就是自身的悲哀了。

结点

一早上忙碌着翻看各种群，包括相对稳定的家庭群、工作群、师生群、学术群，以及不稳定的短期临时群的动态……突然觉得人们在真实生活中隐性存在的社会关系"结点"，在微信这个虚拟的世界里显像出来了。

家的味道

我常常认为人只有离开了故土，才理解了"家乡"的意义，而且从离开的那时起"乡愁"就沉淀在血液里，时隐时现，或浓或淡。乡愁在文学作品里（譬如于光中的《乡愁》）和在哲学思考中（荷尔德林的《家乡》，以及海德格尔的阐释）的理解不在一个层面上，但都把家乡理解为了温暖、纯真、本真、淳朴……而且是精神的归属。所以我觉得人的一生就是在离开和回归的过程（当然这不只是形式上的）中体会人生的意义。

语言与理解

早上和宝宝瑞一起吃早饭，他突然问我："烫"和"热"的区别。

我不假思索的解释："烫"啊应该是"热"的更高层次，而且"烫"字下面有个"火"，应该和"火"有关。而"热"呢应该是一种主观感受，没有一个明确的尺度，你认为热的也许我认为没那么热……

之后我看宝宝瑞没有回应我。于是我反问他"烫"与"热"的区别。他很干脆的说："烫"就是做饭时不小心身上溅上油就喊"烫"，"热"就是夏天在太阳下面就是"热"。

我突然觉得孩子真好，语言和理解都源于生活情境，而我呢，跑哪去了？

乌托邦

我对第一个将"乌托邦"与"烤羊腿"匪夷所思地联系在一起的那个人表示由衷的敬意！这个几年间不断地连锁、复制的"乌托邦烤羊腿"在理想与现实的冲突中，在讽刺、批判与超越中寄情于美好与极致的乌托邦，而这一切都彰显在每天晚上大街小巷的浓烟里。可谓是"乌托邦"的火炬生生不息啊！

我愿慵懒的在这时光里

让此时光与彼时光

不透明的隔离

一间书屋

一个爱人

一份心境

——无聊的我

后　记

　　无聊还在继续，所以思想和语言都无法戛然而止，对无聊的解读也不得不仍然敞开着。

　　当然仅就这本书的理论部分而言，由于我自身能力、兴趣和角度的限制，有些部分未能展开。譬如对无聊的语义学研究，即无聊与相关词（忧郁、厌恶、烦躁、畏……）的关系研究，以及无聊的宗教渊源等都只是轻描淡写。还有在"无聊与存在"中涉及的"完整的人"中三个维度（身体、精神自己、精神本己）之间的"距离"、"张力"关系的思考也只是初步形成，所以只能笼统概括，并未进行细节处理。最后还有"救赎"部分也匆匆收笔，一方面没有承接"无聊与批判"中人在现代性中的处境，进而提出社会角度的救赎，即打破资本逻辑的强制，恢复现实的人的生活路径；另一方面"日常生活审美化"的"前身"应有深厚的真正艺术的熏陶，所以应该对"艺术"本身做延展，同时也应该对"艺术代替宗教"这样的思路做厚实地解说。

　　但无论如何这本书是我几年来生命体验的所得，所有的文字和图片都凝结着我的思想和情感，它们曾随着我当下的心跳动过，而此时它们静静地躺在这里等待着有人将它们轻轻地抚摸，重燃它们的激情……

　　最后还是用我之前写过的那几句话暂时结束我对"无聊"这一阶段性的思考。

我们在一个安静的无限的世界里有限地运动着，
我们在具体时间中的生命要素被抽象的时间剥夺着，
我们被如空气般的无形的无聊有形地包裹着，
所以，
在无聊的"空白"里唯有意义填充，
让我们在无聊的世界中"有聊"地活着吧。

图书在版编目（CIP）数据

无聊之在：对无聊的存在论阐释 / 李昕桐 著 . —北京：东方出版社，2018.11
ISBN 978-7-5207-0658-2

I. ①无… II. ①李… III. ①存在主义 IV. ① B086

中国版本图书馆 CIP 数据核字（2018）第 264086 号

无聊之在——对无聊的存在论阐释
（WULIAOZHIZAI——DUI WULIAO DE CUNZAILUN CHANSHI）

作　　者：李昕桐
策划编辑：杜文丽
出　　版：东方出版社
发　　行：人民东方出版传媒有限公司
地　　址：北京市东城区朝阳门内大街 166 号
邮政编码：100706
印　　刷：北京汇林印务有限公司
版　　次：2018 年 11 月第 1 版
印　　次：2018 年 11 月北京第 1 次印刷
开　　本：710 毫米 ×1000 毫米　1/16
印　　张：18.75
字　　数：265 千字
书　　号：ISBN 978 - 7-5207-0658-2
定　　价：85.00 元
发行电话：（010）64258117　 64258115　 64258112